신사임당 교육일기

신사임당 교육일기

초판 **1**쇄 인쇄 2019년 11월 20일
초판 **1**쇄 발행 2019년 11월 30일

지 은 이 강다겸

감   수 곽동훈
편집주간 임석래
편집기획 박재범
디 자 인 김원석

펴낸이 김영길
펴낸곳 도서출판 선영사
주 소 서울시 마포구 서교동 485-14 선영사
TEL (02)338-8231~2   FAX (02)338-8233
E-mail sunyoungsa@hanmail.net

등 록 1983년 6월 29일 (제02-01-51호)

ISBN 978-89-7558-125-0   03150

신사임당
교육일기

.
.
.
.
.

도서 출판 **선영사**

서론

  우리나라 역사상 가장 모범적이며 그 덕을 기릴 수 있는 어머니 한 분을 꼽는다면 두말할 것도 없이 율곡 선생의 어머님 되시는 신사임당을 내세우지 않을 수 없다.

  더구나 예전의 사회적 관습으로 볼 때 여성은 오로지 바느질과 집안 살림을 잘하는 것으로서 부녀가 지켜야 할 덕행으로 삼았고, 우리의 어머님들 역시 그렇게 살아가는 것이 여인의 미덕으로 여겼으며, 그나마 예술·문학 등에 소질이 있는 분들도 그 재예(才藝)를 배제하지 않으면 안 되었던 그 시절에 사임당 같은 분이 출연하여 그의 소질과 명성이 현세(現世)에까지 널리 알려진 것은 참으로 보배스럽고 신비한 일이다. 따라서 이러한 모든 면들이 여성으로써 최초로 우리나라 화폐 최고의 단위인 오만원권에 그의 초상화가 올려진 동기가 되었을 것이다.

  사임당은 여러 면에서 훌륭한 분이었다. 우선 효심이 지극하였

고, 어진 아내이며 현철한 어머니이고 특출한 예술가로서 누구보다도 남다른 바가 있어 일곱 남매의 자녀교육에도 유별스러운 점이 있었다, 사상가이자 동방의 대 현인으로 불리우는 율곡 선생을 길러냈으며, 어려운 살림을 꾸려 가면서도 일찍이 홀로 되신 친정어머니 이씨 부인까지 두루 돌아보는 힘든 일과 속에서 틈틈이 자기 개발을 게을리 하지 않았던 까닭에 시·문학에도 조예가 깊었다. 그뿐 아니라 서예 및 동양화에도 우월한 솜씨를 내보여 훌륭한 예술가로서의 높은 위치를 지켰다. 지금까지 전해져 오는 몇 폭 안 되는 글씨와 그림을 숙고해 봐도 그의 수준 높은 서법의 경지와 그리고 고상한 정신과 기백이 넘쳐 흐르는 것을 잘 알 수 있다.

조선조 중기의 유교적 가족관과 그 시대의 의식으로 보아 여성으로서 부덕을 닦고 가정사에 진력하여 자녀들을 양육하는 일만도 어려운 일인데 잠재해 있는 자신의 능력을 발전시켜 예술계의 독보적인 위치를 차지한다는 것은 진정 어려운 일이다. 사임당은 어려서부터 예술적 재능이 돋보여 세종대왕 때의 미술가 안견(安

堅)의 그림을 보고 열심히 배우며 익혀 타고난 예술적 재능을 발휘하여 자신만의 독창적인 예술의 경지에 이르러 훌륭한 작품을 남긴 것이다. 신사임당의 그림은 아주 다양하며 여성적이고 섬세하기 이를 데 없다.

대체로 그림 내용을 보면 화조·산수·매화·난초·포도·풀벌레·어류 등 일곱 가지를 들 수 있는데 그중에서도 현재 실물로 전해지고 있는 것은 채색, 그림과 묵화 등의 40여 가지 정도인데 이 분야에서는 독보적인 위치를 나타내고 있어 높은 평가를 받으면서 그의 예술사적 위치를 입증하고 있다.

슬하의 일곱 남매 중에서 우리가 알고 있는 분은 율곡 선생뿐일지 모르나 맏딸 매창 여사와 넷째 아들 옥산 선생의 뛰어난 예술적 재능은 그대로 어머니 사임당에게서 물려받는 재능이었으며 그녀가 남긴 업적도 유명하다.

태교(胎敎)

사임당은 중국 문왕의 어머니 태임이 태교를 중시하고 자녀의 양육과 교육을 잘하여 문왕과 같은 훌륭한 인물을 길러냈다는 점에서 그를 존경하고 본받으려 하였다. 거기에 열녀전을 탐독하고는 크게 감화를 받아 가르침을 응용하였으며, 또한 주자학이 그 시대의 학문으로 중시됨에 따라 소학의 입교 편에 태교가 강조되고 있었음이 사임당에게 영향을 주었을 것으로 여겨진다.

율곡은 어머니 사임당의 태교로 인하여 태어나면서부터 형용(形容)이 단정하여 바르고 어른스러웠음은 물론이요, 타고난 효자이며 영특하기 이를 데 없었다. 더욱더 놀라운 것은 세 살이 되면서 말을 배우고 곧 글을 깨쳤다는 것이다. 너무나 영리하여 글을 익히는데 막힘이 없었고, 마음의 바탕은 넓고 지혜로워 언동이 의젓하였으며, 사물을 보고 이치를 터득하는 예리한 판단력도 함께 갖추고 있었다.

가정교육

우리의 격언에 "세 살 버릇이 여든까지 간다"는 말이 있다. 두말할 것도 없이 어렸을 때의 습관과 교육의 중요성을 지적하는 것이다. 예전이나 지금이나 교육의 원천은 가정이다. 오늘날 가정 교육의 부재 현상, 가정 윤리의 문란 등은 우리 시대의 가정 교육의 파탄과 학교 교육의 본연성 망각 등의 윤리 전반에 걸친 타락상과 무관하지 않다. 가정 교육이 바로 섬으로써 학교와 사회 국가로까지 이어진다. 가정이 병들면 사회가 병들어 가고 국가의 기강 또한 해이해진다.

인간의 기본 교육에서 중요성은 도덕의 주체를 심어 주고 근본을 가르치는 데 있다. 따라서 사임당의 원초적인 교육은 태교에서부터 비롯되었다. 어릴 적의 인생을 중시하여 도덕 교육을 강조하였다. 교육은 인간을 기르는 것이다.

가정 교육의 핵심은 효우(孝友)에 있다. 즉, 부모에 대한 효도와 형제에 대한 우애에 있는 것이다. 이 때문에 사임당은 가정교육에서 효를 매우 중시하였다. 가정 윤리가 바로 서는 것은 사회와 국가의 윤리관과 연계되고 있음은 말할 여지가 없다.

역사적으로 볼 때 중국과 우리나라의 유가교육에서는 인간 형성을 위한 학문 방법에 있어서 거경(居敬:심신이 긴장되고 순수한 상태를 유지함으로서 덕성을 함양하는 일)을 앞세웠기 때문에 사임당은 이를 본받아 경신(敬身)을 중시하여 마음가짐과 몸가짐, 위의(威儀:예법에 맞는 몸가짐)와 법도 예절을 근본으로 교육을 시도하였다. 그리고 스스로 궁리하고 탐구하여 습득한 것은 반드시 실천에 옮기도록 하였다.

오늘날 교육의 문제점은 도덕적인 가치관의 교육이 모자란 점을 지적할 수 있지만, 사임당은 성현 군자들의 언행을 상고하여 그 가치관을 표준으로 삼고, 소학(小學)에 기재 되어있는 입교(入敎), 명륜(明倫), 경신(敬身)의 실지를 응용하여 예의범절과 선행, 마음가짐, 의복, 음식의 법도 등을 입증하는 가정 교육을 실행하였다.

율곡 선생의 교육이념

선생은 도덕 교육에 중점을 두고 교육에서 큰 결실을 보기 위해서는 가정교육·학교 교육·사회교육이 함께 이루어져야 한다는 것이다.

율곡이 세상에서 가장 이상적인 가정 윤리관을 세워 놓은 시기는 그의 나이 41세 때였다. 모든 관직을 떠나 처가가 있는 해주 석담에 가서 온 가족이 함께 모여 살면서 가정 교육의 장이 될 청계당을 짓게 된다. 이는 바른 가정 윤리관의 정립과 함께 가정 도덕 교육을 통하여 자신은 물론 모든 이의 귀감이 되고자 함에 그 목적이 있었다. 다시 말하면 가정과 학교, 사회가 바로 서기 위해서는 먼저 바른 가정 윤리관의 정립이 필요하다고 판단했다. 이것이 선행되면 동시에 이에 따른 가정·학교·사회의 인륜 교육이 실행될 수 있었기 때문이다.

율곡의 교육은 인의에 바탕을 두고 도덕의 중요성을 역설한다. 예(禮)·의(義)·염(廉)·치(恥)의 사유(四維)가 신장하지 않으면 나라도 멸망한다고 하였으니 병관(兵官)은 없어도 사유가 없어서는 안 된다고 하였으며, 백성의 현황을 살피면 도(道)를 무시함으로써 선비들의 풍습이 경박해지고 양심이 마비되어 부박한 공명만을 숭상하고 실행에는 힘쓰지 않으며 아래로는 민생이 도탄에 빠져 인간의 도리를 지키지 못하고, 부자가 불목하고 형제자매가 서로 해어저 강상(綱上)이 무너지니 풍속이 오랑캐만도 못하다고 지적하면서 크게 염려하여 근본적인 교육 개혁의 필요성을 강조하였다.

공자는 인의(仁義)의 바탕에 근저를 두었고, 송대(宋代)의 성리학적(性理學的) 기초 위에 성립된 율곡의 사회 개혁론은 궁극적인 목표를 세워 천하가 번영하고 화평한 세상을 구현하는 대동사회의 실현에 목적을 두고 있다. 율곡은 가정교육을 제일 중시하였고 학교 교육을 풍화(風化:교육의 힘으로 풍습을 잘 교화 시키는 일)의 근본으로 두고 중요성을 논하였으며, 공동체의 사회규약을 통해서 사회교육에도 큰 관심을 가지고 실천에 옮겼다. 또한, 직접 향약(鄕約:조선 시대에 권선징악(勸善懲惡)을 취지로 한 향촌의 자치 규약)을 현실에 맞도록 제정하여 유교적 윤리 규범에 의

한 향촌(鄕村) 사회의 교화에 주력하였다.

   끝으로 덧붙이면 율곡 선생은 유아기 때부터 남다른 바가 있었다. 그의 타고난 천재성과 인간적인 바탕은 보통의 자제들과는 달랐다. 이는 우연이 아니라 어머니 사임당의 태교 및 양육과 가정교육의 결실이라고 믿어진다. 이처럼 독자 여러분도 신사임당의 교육을 이어받아 자녀들을 훌륭하게 양육하여 세상에서 필요로 하는 인재로 키울 것을 간절히 기원한다.

유림 미래연구소에서

강다겸(경옥) 적음

14

신
사
임
당
의
교
육
일
기

차례

제1장 사임당의 생애

제3장 율곡 선생의 교육이념

제 1 장
사임당의 생애

사임당의 유년시절

서력기원(西曆紀元) 2세기 후반에서 3세기 전반에 걸쳐, 지금의 원산 일대에서 경상북도 영덕에 이르는 동해안 지역과 강원도 북부지방에 위치했던, 고대국가 동예(東濊)의 옛 성이 자리한 강릉은 오랜 문화와 전통이 서린 곳으로서 동쪽은 끝없이 펼쳐진 동해, 서쪽은 구름을 뚫고 높이 솟은 대관령, 옛날 예국(濊國)의 도읍지였던 고을로 산수 자연이 그림같이 아름다운 곳으로, 그중에서도 태백산맥을 끼고 도는 능선이 북평(北坪) 마을에서 서기 1504년 10월 29일 날이 채 밝지 않은 새벽의 적막을 깨는 고고의 탄성을 울리며 한 아기가 태어났다. 산천초목이 울긋불긋 아름다운 옷을 입은 대자연 속에 고고성을 울린 새 생명은 우리 역사상 가장 모범적인 부인이며, 뒷날 율곡(栗谷)선생을 낳으신 신사임당 바로 그분이시다.

연산조 10년째 되는 갑자년에 연산(燕山)은 생모인 폐비 윤 씨의 억울한 죽음에 의한 피비린내 나는 복수를 시작했다.

생모의 폐위에 가담한 여러 신하와 선비들을 학살하고 죽은 신하들까지 부관참시(剖棺斬屍)하여 거리에 내걸었던 흉흉한 해였다. 곧 갑자사화이다.

이 처절한 역사의 와중에서 사임당은 위로 언니 한 분을 두고 둘째 따님으로 이 세상에 태어났다. 아버지는 평산신씨(平山申氏)로 이름은 명화(命和) 자는 계흠(季欽), 호는 송정(松亭) 이었고 멀리 고려 태조의 충신이었던 장절공(壯節公) 신숭겸(申崇謙)의 18대손이며, 어머니는 용인이씨(龍仁李氏)로서 생원(生員) 사온(思溫)의 따님이요 강릉 참판(參判) 최응현(崔應賢)의 외손녀이다.

사임당은 어머니 이씨의 친정인 외가에서 태어났다. 마을 이름은 북평촌 강릉시 죽헌동에 있는 이 율곡(李栗谷) 선생이 태어난 곳 바로 오죽헌이 있는 마을이다.

이곳에 처음으로 생활의 터전을 잡은 것은 사임당의 외조부이 사온(李思溫)공 이었다. 뒤뜰에서 죽세공의 재료로 쓰이는 검은 대나무가 자라는 집 규방에서 사임당의 어머니 이씨가 태어났고, 다시 사임당이 태어났다. 사임당은 어린 시절 이곳에서 뛰어놀며 글을 배우고 그림을 그리면서 꿈 많은 소녀로 자라났다.

사임당이 열아홉 살 때 한양에서 사는 3살 위의 이 원수(李元

秀)공과 고족반상(高足盤床)의 예를 차리고 행교배례(行交配禮)의 합환주로 청실홍실 백년가약을 맺은 곳도 이곳이다. 그리고 사임당이 바다에서 출현한 용이 방문 앞에서 몸을 동그랗게 포개어 감싸 안고 있는 꿈을 꾸고 역사(歷史)에 빛나는 대학자 율곡 선생을 낳은 곳도 바로 이곳이다.

북촌 또는 북평 마을로 알려진 이 마을은 부사가 있는 강릉 고을에서 북쪽 방면으로 5리쯤 떨어진 아늑한 마을이다. 아버지 신 명화 공과 어머니 이씨 사이에서 태어난 자식으로는 아들은 없고 따님만 다섯 분인데 사임당은 그중에서 둘째 따님으로 태어났다.

손이 귀한 외가에서 사임당은 외조부 이 사온 공과 외조모 최 씨의 극진한 사랑 속에 성장했다. 그러나 아버지 신 공과는 늘 떨어져 있어야 했다. 그것은 어머니가 한양에 사는 아버지 신 공과 결혼한 직후에는 한양 시댁에 들어 살았지만, 외조모 최 씨가 병환으로 고생한다는 소식을 듣고 병간호차 북평촌에 왔다가 친정 아버지의 뜻에 따라 이후 16년간 낭군 신 명화 공이 세상을 떠날 때까지 친정에 머물러 있었기 때문이다. 따라서 사임당은 어릴 적부터 아버지 신 공의 따뜻한 사랑을 받지 못하고 성장했다. 신 명화 공이 한양에서 강릉까지 4백여 리의 길을 걸어 북평 마을을 찾아와야만 사임당은 그리운 아버님을 뵐 수 있었다.

이런 가정 형편이었기에 아버지 신 공의 교육은 사임당의 성장에 크게 영향을 미치지 못하고 오로지 외가 쪽의 가르침이 크게 기여했을 것으로 여겨진다. 특히 어머니 이씨가 본시 무남독녀로 자라났기 때문에 외조부 이사온에게서 남다른 총애를 받으면서 학문을 배우고 익힌 사리에 밝은 여성이었으므로, 사임당은 누구보다도 그 어머니에게서 좋은 교육을 받을 수 있었던 것이니 진정 그 어머님에 그 딸이라고까지 했던 것이다. 그리고 아름다운 북촌마을과 대자연 동해의 풍물, 그러한 자연 환경이 어린 사임당을 깨우쳐 주고 사물의 이치와 도리를 분별하는 능력을 터득하는 데 큰 영향을 끼쳤을 것으로 짐작하게 한다.

티 없이 맑은 어린 소녀 사임당, 훗날 지식·덕망·재능을 두루 갖춘 여인으로 숭앙받는 사임당은 지고지순한 어머니의 훈육과 이처럼 아름다운 대자연 속에서 근본을 이루는 바탕이 잡혔던 것이다.

❖ 집터의 풍경

사임당의 외할아버지 이 사온 공은 집터 언저리에 자생하는 검은 대를 눈여겨보고 소중하게 가꾸었다.

사람들은 대나무의 빛깔이 흑진주처럼 검다 하여 오죽(烏竹)이라 불렀다. 높이는 좀 작고 밑 뿌리가 사세한 오죽은 생명력이 강해서 강릉 추위에도 잘 자랐다.

봄이 되면 죽순이 돋아 햇대가 나오는데 보통의 대처럼 초록색을 띠다가 이듬해가 되면 조금씩 검어지고 삼 년이 되면 눈에 띄게 검어진다.

그것은 크기가 작달막한 것이 굳세고 단단하고, 강직해 보여서 애정을 가지고 오죽을 가꾸었다. 일꾼을 얻어서 황토를 대밭에 뿌려주기도 하고 여러 해묵은 대는 밑동에서부터 제거하고 새순이 나오면 정성을 들여 잘 길렀다. 그리하여 이제 오죽은 드넓은 동산을 이루어 이웃 동네에서 보기 드문 귀한 물건이 되었다.

이 외에도 그곳 마당에는 두 그루의 꽃나무가 있었는데 하나는 별당 뒤 오른쪽에 있는 홍매화 나무이고 다른 하나는 별당 앞 오른쪽 귀퉁이에 있는 배종 나무였다.

사군자의 일원인 매화는 추운 겨울 눈보라 속에서도 기개를 잃지 않고 이른 봄 다른 꽃보다 일찍 꽃을 피워 사람들은 그 꽃을 보며 충정과 절개와 희망을 생각하였다.

그런 매화나무가 백 년 넘은 고목으로 별당을 지키며 초연하게 서 있으니 어찌 귀하지 않겠는가!

또 하나 앞뜰의 배종 나무도 이곳의 상징이다. 그 역시 세월이 된 수목인데 별당의 문만 열면 바라보이는 곳에 의연하게 서 있었다.

백일동안 꽃을 피운다고 해서 백일홍으로 불리며, 꽃의 생김새가 자디잔 모습에 진분홍색이라. 자미화(紫薇花)라고도 불렀다.

늦봄에 꽃이 피기 시작하면 여름이 다 가도록 뽐내고 있으니 이 또한 얼마나 흐뭇하게 즐거운 일인가.

별당 마당에서는 이 고을의 자랑인 경포호(鏡浦湖)가 보였다. 넓기도 하였지만, 물이 너무 맑아서 명경지수(明鏡止水)라는 글자 그대로 마음까지 맑고 고요해지는 호수였다. 그 호숫가 언덕에는 상당히 높은 대(臺)도 있고 고을 사람들뿐만 아니라 외지인들도 뜸뜸히 찾아와서 풍류를 즐겼다. 저 멀리 호수의 끝에는 솔밭이 있었고 우거진 소나무 사이에는 한송정(寒松亭)이 있었다.

경포대와 한송정은 신라 시대에 화랑들이 차를 달여 마시던 곳으로서 오랜 문화와 전통이 서려 있고 곳곳에 낙락장송이 서 있어 선비의 지조를 일깨워 주고 아름다운 자연환경 덕분에 인심조차 후한 곳이다.

언니(仁德:인덕)와 인선(仁宣:사임당의 본명) 두 소녀는 맑고 잔잔한 그 호수가를 거닐면서 호수의 깊은 고요와 푸르름 그리고 파란 하늘을 유유자적하는 흰 구름을 바라보면서 그 아름다움에 심취하며 자랐다. 춘하추동이 무궁하게 변화하는 들과 산천에서 나물을 캐고 들꽃 속에서 나비와 벗하며 성장했다.

훗날 전해지는 사임당의 모든 예술작품에는 자연을 사랑하는 정신적인 힘이 넘쳐 흐르고 있다.

살아 있는 것 같은 매화꽃, 날아오를 것만 같은 나비, 금방이라도 툭 따먹고 싶을 만큼 싱그러운 포도송이, 풀과 벌레, 그리고 고양이, 물새, 참새 등등을 그린 모든 작품 속에서 그 흔적이 또렷하다.

사람은 어린 시절에 그 됨됨이가 결정된다고 한다. 어린 시절의 모든 생활이 바탕이 되어 그 인간의 평생을 지배한다는 것이다.

정녕 그 말이 옳을진대 사임당이 뛰고 숨 쉬고 노래하며 자랐을 북촌마을의 대자연이 어린 사임당에게 큰 스승이 되었다는 것은 너무도 자명한 일이다. 그래서 자연 그대로의 인생이 되고자 하는 마음을 어린 사임당은 그 시절부터 가슴속 깊이 심었을 것이다. 그리고 그 마음에 꽃이 피고 열매를 맺어 현숙한 아내 인자한 어머니로서의 부덕을 닦게 하고 나아가 예술의 세계로 승화시켰다.

❖ 사임당의 공부

사임당은 나면서부터 인물이 좋고 바탕이 뛰어나 부모의 특별한 총애를 입었고 천부의 재주가 남달리 비상했기 때문에 여자로서 배워야 하는 바느질이나 자수(刺繡)는 물론이요, 글·그림·학술·예술에 이르기까지 그의 눈부신 천재성을 발휘하였다. 그래서 사임당은 일곱 살 때부터 세종대왕 때의 화가 안견(安堅)의 산수화를 스승 삼아 그림 그리기 시작했다.

안견은 자를 가도(可度) 또는 득수(得守)라 하며, 아호를 현동자(玄洞子) 또는 주경(朱耕)이라고 부르는 지곡 사람으로 세종 시대에 안견의 산수화와 최경(崔涇)의 인물화는 화단(畫壇)의 쌍벽(雙璧)이라 일컬었을 만큼 일세에 이름을 알린 미술가였는데 그로부터 백여년이 지난 후에 사임당이 그림 그리기 시작하면서 특히 안견의 산수화를 선정하여 그를 사숙했다는 것은 다음 날 그의 미술이 크게 성공할 수 있게 이끌어준 가장 좋은 지침과 계기가 되지 않을 수 없었다.

사임당은 그림 공부를 시작하면서 실로 자신이 지닌 천부적인 재능을 아낌없이 발휘했다. 그 그림들은 꽃 내음새 나는 것 같고 벌레 울음소리 들리는 것 같고, 산새들이 소리내 우짓는 것 같게 하여 우리들의 마음을 매료시킨다. 그러나 이 같은 서화도 어느 의미에서는 부인이 가진 천재성의 한 자락을 보인 것일 따름이고, 오히려 유교의 경전과 명혈들의 문집을 널리 탐독하여 뛰어난 학식의 소유자가 되었던 것과 동시에 여인의 갖추어야 할 근본 교양과 작품을 길러 장차 현부인이 될 기초를 마련했던 그것을 더 높이 평가해야 할 것이다. 그리고 당시는 여자아이에게는 글도 잘 가르치지 않는 풍조가 가득한 시기였다. 또한 화가를 "환쟁이"라고 멸시하던 시절이었다.

그런 세상 풍조를 뛰어넘어 어린 사임당에게 글을 가르치고 더구나 귀한 종이를 구해주며 그림 공부까지 하게 한 것은 오직 외할아버지와 어머니의 안목이 뛰어났기 때문이었다고 여겨진다. 그런 깊은 안목이 열매를 맺어 우리의 문화에 또 하나의 자랑스러운 유산을 쌓아 올려놓은 것이다.

지금도 사임당의 그림을 대하면 붉은 댕기 땋고 어머니께서 들려주신 빨갛고 새뜻한 봉숭아 빛 물든 손으로 수만 가지의 서화를 지어내는 어린 사임당의 모습이 머릿속에 그려진다.

이처럼 사임당은 어릴 적부터 그림과 글공부에 열중하여 성현들의 가르침을 몸소 익혀 부덕(婦德)의 길을 닦아 인격을 도야하며 성장했다. 그림 그리기가 재능을 닦는 것이라면 고전 경서를 탐닉하고 고금의 역사를 배우며 성현들의 가르침에 접한 것은 사임당의 정신세계를 더욱 빛나게 한 양식이었다.

사임당의 글공부는 마침내 사서(四書:유교의 경전인 논어·맹자·대학·중용) 오경(五經:다섯가지 경서 시경·서경·역경·예기·춘추)등을 통달하는 경지에까지 이르러 오늘날까지 그 빛을 찬연하게 비추고 있다.

❖ 사임당의 성품

봄·여름·가을·겨울 사시장철 고즈넉한 밤 피마자 등잔불 밑에서 세상의 정당한 도리를 깨치어 알게 되는 어린 사임당의 글 읽는 소리는 한적한 북촌마을에 매일 밤 은은하게 울려 퍼졌다.

동양의 현인과 군자들의 가르침은 오상(五常)과 오륜(五倫)을 근본으로 삼고 있다. 오상이란 사람으로서 지켜야 할 다섯 가지의 도리 곧 인(仁)·의(義)·예(禮)·지(智)·신(信)이며, 오륜이란 인간관계를 가르친 군신의 의(義)·부자의 친(親)·부부의 별(別)·장유의 서(序)·붕우의 신(信)에 대한 다섯 가지의 도리이다. 흔히 장유유서(長幼有序:어른과 어린이 사이에는 차례가 있음)등의 정신이 그런 가르침 가운데서 나오고 있다. 이러한 오상·오륜의 이념과 사상이 사임당의 전 생애에 있어서 부모와의 관계·부부간의 관계에 그대로 드러나 있는 것이다.

그의 호를 사임당(師任堂)이라고 한 것만 봐도 부인의 교양과 노력이 어떤 방향이 였던가를 짐작할 수 있다. 사임당의 호를 여러가지로 해석하고 또 글자로도 사임(師任), 사임(師妊), 임사(妊

師), 사임(思任), 사임(思妊) 등의 다각적으로 기록하고 있으나 그 중 옳은 것은 사임(師任)이다. 그것은 그의 아드님 되는 율곡 선생이 저술한 《외조부 신(申)공 행장》에 적혀 있는 것이므로 가장 바른 아호라고 할 수 있다. 그러면 사임이란 무슨 뜻인가. 사(師)는 배우고 본받는다는 뜻이며, 임(任)은 고대 주나라 문왕(文王)의 어머니인 태임(太妊)을 뜻하는 것이다.

다시 말하면 사임당은 역사상 가장 현숙한 부인으로 이름 높은 주나라 문왕의 어머니를 숭앙한 끝에 그녀를 본받아 모신다는 의미로 현숙(賢淑)으로써 부녀자의 최고의 미덕으로 삼았고 또 그대로 실천하기에 최대의 노력을 기울였다. 이것으로 보면 사임당이 그 얼마나 태임을 본받기를 간절하게 소원했는가를 넉넉히 알 수 있다.

성인 군주의 전형으로 불리는 문왕은 기원전 12세기경 중국 주나라를 창건한 왕으로서 우리가 익히 들어 알고 있는 태공망(강태공)을 책사(策士)로 삼아 국정을 바로 잡고 융적(옛날 중국에서 일 컫던 서쪽 오랑캐와 북쪽 오랑캐)을 토벌하여 천하의 3분의 2를 통일하였다. 그가 얼마나 인덕이 높았는가 하면, 백이 숙제 형제가 자신들이 머물고 있던 고죽을 버리고 멀리 그를 찾아 나섰고 만고의 성자인 공자도 주 문왕을 깊이 흠모한 나머지 "나는 주 문왕을 따르리라"라고 논했으며 "나는 젊었을 땐 문왕을 꿈에서 나마 뵐 수 있었으나 지금은 나이가 들고 쇠잔하여 꿈에서 그를 뵐 수 없게 됐다 참으로 슬프고 애석하도다" 하며 한탄했다고 전한다. 이렇듯 공자까지도 그의 공을 극구 찬양하며 숭앙한 주문왕, 그런 큰 인물을 길러낸 공은 오로지 그의 어머님 태임이었다. 문왕을 어린 시절부터 가르쳐 지도하고 훈계하며 키워낸 그런 태임을 사임당은 마음속 깊이 우러러보고 그녀의 이름을 본떠서 아호를 짓고 훈육법을 본받으려고 애썼다.

이러한 사임당의 정신이 훗날 부군 이 원수 공을 그릇된 벼슬자리에 나가지 못하도록 막았으며 자식들의 훈육 방침에도 뚜렷하게 드러냈다고 사료된다. 실로 인간으로 이 세상에 태어나서 진실(眞實)과 아름다움의 근본을 깨우쳐 들어가며 글·글씨·자수·그림·학문 등의 온갖 분야를 힘써 배우는 어린 사임당에게 그의 영혼을 깨우쳐 준 것은 바로 성현들의 가르침인 "인간의 참된 도리"이었음을 사임당이라는 그의 아호로서도 충분히 짐작하게 한다.

후일 1868년 고종 때 강릉 부사로 부임한 연제 윤종의는 사임당의 글씨를 후손 대대로 전하기 위해 나뭇조각에 새겨 오죽헌에 보관토록 하였다. 그 시기 윤종의는 다음과 같은 구절을 발문에 기록하여 사임당의 공덕을 일컬어 기렸다. "정성을 다하여 쓰신 사임당의 필적은 참으로 그윽하고 품위가 있으며 훌륭하고 정결합니다. 부인께서 예전 문왕의 어머니 태임을 본받으시고자 하신 높은 뜻을 더욱더 알게 합니다." 라고 적었으며 또 온유재 윤종섭이라는 분은 율곡 선생을 찬양한 글에서 "선생께서 받으신 태교는 어머님의 마음 하나입니다. 당호(아호)마저 고상(高尚)합니다. 지임(摯任)을 배우시다니요."

이 글 속의 지임이란 의미는 주 문왕의 어머니 태임이 본래 지(摯)나라 왕의 둘째 딸이었던 까닭에 지임이란 말을 쓰고 있는 것이다. 태임이 문왕을 잉태했을 때 눈으로 좋지 않은 것을 보지 않으려 했고, 귀로 허황한 말을 듣지 않았으며, 입으로는 사악한 말을 하지 않는 등의 태교에 전력을 다한 것은 세상에 널리 알려진 가르침이다. 태임은 이 만큼 온갖 정성을 기울인 까닭으로 문왕과 같은 성인 군주(君主)를 길러낼 수 있었다.

사임당의 소녀시절

　　　　　　　　　　겨울이 가고 봄이 왔다. 경포 호수를 덮었던 살얼음도 녹고 촌락의 좁은 골목길 사이마다 얼어붙었던 빙판길도 녹아 온 땅이 질척거렸다. 무엇보다 부옇 회색빛 천지가 서서히 초록색 빛을 띠며 생기를 되찾아 갔다. 오죽의 죽엽들도 더욱더 새파랗게 윤택한 기운이 돌았다.

　그런 어느 날 아침이었다. 마당가 매화나무 가지에서 까치가 있는 힘을 다해 소리내어 우짖었다. 너무도 시끄럽게 지저귀니 마당가에서 텃밭을 일구던 외할머님 최 씨가 나뭇가지를 올려다 보며 말했다.

　"아마도 아범이 오려나, 올 때도 되었겠지."

　사임당의 아버지 신 명화 공은 일 년에 두어번 북평 마을 처가로 와서 한 달쯤 머물면서 가족과 지낸다. 한양에서 강릉까지 사백리가 넘는 길이므로 대략 편도 여드레 정도 걸어서 오가자니

더운 여름과 겨울은 피하고 봄과 가을을 선택하여 움직였다.

사임당이 열세살 때 아버지가 초시에 합격하여 진사가 됐다. 하지만 사임당은 그런 소식들을 늘 어른들의 말로써 전해 들어야만 했다. 이처럼 사임당은 항상 아버지를 그리워하는 생활이었다. 그런 만큼 사임당은 어머님의 가르침과 외할아버지, 외할머니의 사랑 속에서 꿈 많은 소녀 시절을 보냈다.

사임당의 외가는 매우 손이 귀한 가계(家系)였다. 어머니 이씨가 무남독녀였고 아버지 신 명화 공과 혼인한 어머니 자신도 딸만 다섯을 낳았을 뿐 끝내 아들을 두지 못했다. 따라서 사임당은 위로 언니 한 분과 아래로 세 여동생이 있었다. 이런 환경 속에서 성장한 사임당은 어머니를 도와 세 여동생을 돌봐줘야 했다는 것을 넉넉히 짐작할 수 있다.

언니인 첫째 따님은 장인우(長仁右)에게, 둘째인 사임당은 이원수(李元秀)에게, 셋째는 홍호(洪皓)에게, 넷째는 권화(權和)에게, 다섯째는 이주남(李胄男)에게 각각 출가를 하였다. 신 명화 공 부부는 그 다섯 따님을 아들과 같이 근엄하게 양육하여 모두 현부인이 되게 하였으며, 그중에서도 사임당은 훨씬 현숙하여 우리의 역사상 으뜸가는 가장 모범적인 부인이 된 것이다.

전서(全書)에 의하면 사임당의 외가는 살림살이가 여유 있는 편은 아니었던 것 같다. 부지런하게 그저 평범히 살아가는 보통의 집안이었다고 한다. 사임당은 그러한 환경 속에서 성장했다.

둘레에 씨뿌리고 논밭의 잡풀을 뽑아내고 과수에 주렁주렁 매달린 열매를 솎아내고 거두고 개구리 소리를 내어 울어대는 논에 발을 채워 이앙하고 김을 매고 가을에 익은 곡식을 거둬 들이는 일들 사임당은 이런 일들을 거들며 집안일을 도왔으리라 여겨진다. 또한 이들 대자연의 조화 속에 앙당그레한 땅이 녹아내리는 맑은 봄날에는 아지랑이가 피어오르는 산과 들에 자라나는 나물을 캐어 버무리고 국 끓이며, 때로는 흥에 겨워 흥얼거리는 동생을 등에 업고 꽃을 꺾어주며 달래기도 하고, 밤에는 등잔불 앞에서 정성스레 한땀 한땀 바느질하는 그런 평범한 농촌 살림이었다. 이런 자연적인 조건과 생활에서 사임당은 천연 그대로의 상태인 자연을 표현하는 예술의 경지를 이룩하는 근본이 된 것이리라. 그러나 사임당은 이런 어려운 환경 속에서도 심도 있는 학문의 길을 닦았다는 것이 남과 다른 점이다. 그것은 스스로 하지 않으면 도저히 해낼 수 없는 일이었기 때문이다.

"계집아이가 학문을 익혀서 뭐 하나 살림이나 잘하면 되지."

이것이 예전 우리 조상들의 보편적인 생각이었다. 실제로도 그 시절은 법률·제도·관습상으로도 여성은 과거를 볼 수 없었고 벼슬길에도 나가지 못했다. 이는 조선의 문제일 뿐 아니라 중국과 일본 등 동북 아시아권의 모든 나라가 매한가지였다. 그래서 써먹지도 못하는 글공부를 여자가 굳이 배울 필요가 없다는 것이 당시 위인들의 사고방식이었다. 그리하여 결혼하기 전의 여자들은 오로지 전통자수·바느질·음식 조리 등의 가사를 배우는 것이 당연한 과제였다. 그렇지만 사임당은 그런 와중에도 학문에 뜻을 두고 인간의 도리를 배우면서 성현들의 가르침을 익히고 인생살이의 현묘한 이치를 깨치기 위해 부단한 노력을 기울였다. 그것은 사임당이 공명과 이욕(利慾)을 채우기 위해 실체를 행한 것은 결코 아니었다. 다만 이 세상에 태어난 한 인간으로서의 참된 인생을 살아가려는 지성스럽고 절실한 마음에서 비롯된 것이다.

한 측면에서 보면 사임당은 대단한 노력가였다. 서예·그림·고전·역사 등등의 공부를 스승도 없이 혼자서 해냈다. 다만 경전과 글공부에 난해한 점이 있으면 외할아버지가 유일한 스승이었다. 이런 학문에 대한 열렬한 정성이 끝내는 여성으로서 성경현전(聖經賢傳:성현이 지은 경전)에 깊이 통하는 경지에까지 이르게 된 것이다.

❖ 외할아버님의 가르침

겨울로 접어들어 농한기가 되자 사임당의 외할아버지 이 사온 공은 손녀들의 글공부에 마음을 썼다. 이 사온 공의 본관은 경기도 용인이씨(龍仁李氏)로 시조는 길권(吉卷) 이란 분으로부터 헤아리며, 조부는 삼수군수(三水郡守) 유약(有若)이요. 아버지는 전라도(全羅道) 병마우후(兵馬虞侯)를 지낸 익달(益達)인데 자신은 소과(小科)에 급제는 했으나 벼슬 없이 생원(生員)으로 살고 있다.

그는 강릉에서 태어나 일찍이 충청 강원 관찰사 한성부좌윤 등의 벼슬을 지내고 후에 공조·형조 참판(參判)을 지낸 최응현(崔應賢)의 자녀 십일남매 가운데 일곱번째, 딸로서는 두 번째의 여식과 결혼하여 성종(成宗) 11년 1월 24일에 사임당의 어머니인 이씨부인을 낳게 되었다. 그는 비록 벼슬길에 오르진 않았으나 성현 군자들의 글을 읽으면서 고상한 선비로 양심 바르게 살아가니 큰 걱정거리는 없었다. 단지 가슴 한구석이 휑하고 아쉬운 점이 있다면 부인 최 씨와의 사이에서 오직 딸 하나만을 두고 있다는 것이었다.

아들이 하나라도 있었으면 아니 딸이라도 더 있었다면 집안이 덜 적적하지 않았으랴. 그러나 그는 외동딸이 자라는 걸 보면서 새로운 기쁨을 갖게 되었다. 그는 딸에게 글을 가르치고 성현들의 가르침을 일깨워 주었다. 그런데 그 딸은 글자를 깨치는 것도 빠르고 학문의 조리(條理)를 터득하는 것도 기대 이상이었다.

외동딸이라서 귀하게 길렀지만 마음씨가 착해서 남을 배려 할 줄도 알았다. 남자아이라면 급제하여 벼슬길에 올라 오직 백성들을 위해 일하는 청백리가 될 그릇이었다. 그러나 아들이 아니면 어떻고 또 벼슬이 없으면 어떠하리 딸도 잘 키우면 열 아들 부럽지 않으리라. 그런데 요즘 둘째 외손녀 사임당을 보고 대수롭지 않음을 느낀다. 어린 것이 마음 쓰는 것이며 문자의 이치를 깨닫는 자세가 여간 예사롭지 않다. 제 언니를 가르치려고 시작한 글공부이건만 옆에서 보고 들으면서 배우는 사임당의 문리가 더 빨리 터지는 것이다. 사임당이 다섯달 때부터 깨치기 시작한 글귀는 요즈음 들어서는 대청마루의 현판이나 기둥에 써 붙여 놓은 문구를 주저함 없이 읽어 내려간다.

"할아버지 저 글자는 입춘대길(立春大吉) 맞지요?"

"허허 그래 아가 그러면 저쪽의 글은 무엇인고?"

"예 할아버지 가화만사성(家和萬事成)이지요"

"아이고 그래 우리 새끼 어찌 이리 영리할꼬"

이 사온 공은 외손녀의 영특함에 사로잡혀 딸에게 쏟던 정성 이상으로 사임당에게 온갖 정성을 기울였다.

사임당이 손에 붓을 쥐고부터는 종이를 찾았다. 그즈음은 종이가 흔하지 않은 시절이라 이 사온 공은 붓글씨를 쓸 때마다 한번 쓴 종이를 다시 겹쳐 쓰며 알뜰하게 사용했지만, 사임당에게 주는 종이는 아깝지가 않았다. 어린 손녀는 처음에는 알기 쉽지 않은 글과 그림들을 아리아리하게 표현했지만, 점차적으로 눈에 띄는 사물들을 그려내기 시작했다. 아무도 가르친 적이 없었으나 참으로 놀랍고 신기한 일이었다.

부자유친·형우제공·장유유서·붕우유신 등의 글귀와 수박·석죽화·오이·봉선화·갈대·개구리·풀거미·물새 등등 소녀의 붓이 지나가는 자리마다 제법 모양새를 갖춘 여러 생물들이 생생하게 자신의 모습을 드러내고 있었다.

이는 여자아이에게는 공부를 가르치지 않는다는 그 시절의 풍토 속에서도 자신이 스스로 하고자 노력을 한다면 당시에도 얼마든지 높은 학문의 경지에 오를 수 있음을 깨닫게 한다.

비록 사임당 뿐 아니라 옛 대대로의 많은 여인이 학문을 배워서 익혀 그 덕망을 빛내고 남편을 내조하며 자식들의 훈육에 크게 이바지한 사례를 우리는 역사 속에서 이따금 발견할 수 있다. 그중에는 사대부 집안의 따님도 있고 끼니도 때우기 힘든 가난한 선비의 여식도 있었다. 스스로 깨닫고 인간으로서 행하여야 할 도의를 애써 배운 여인들이 모두가 본인이 스스로 하고자 했던 여인들이다.

그 명민하고 아름다운 여인들 중에서도 첫째인 사임당을 우리는 목격한다.

43

사임당의 소녀시절

❖ 외할머님의 서거

나날이 기력이 쇠잔해지시던 할머니께서 곁 사람들의 정성스러운 간호에도 불구하고 안타까이 숨을 거두셨다. 중종 16년 초봄 사임당의 나이 열여덟살 때의 일이다. 동해에서 모진 바람에 휘몰아치던 눈보라가 훈훈한 바람으로 바뀌고 지붕 위에 쌓였던 눈이 녹아내리기 시작했다. 처마 끝에 매달렸던 고드름도 후드득 소리 내며 떨어졌다. 시냇물이 졸졸 흐르기 시작했고 볕이 바로 드는 양지에는 새뜻하게 점점이 자란 파란 풀들이 고개를 내밀었다. 이렇듯 새봄이 왔건만 오랫동안 병석에 누워계시던 외할머니께선 끝내 쾌차하지 못하시고 이 세상을 영원히 떠나신 것이다.

슬픔을 아는 듯이 하늘거리며 방 밝히는 촛불의 둘레에서 시름에 싸인 사임당은 하염없이 눈물 지었다. 두 눈이 퉁퉁 붓고 옷고름이 다 젖도록 눈물을 흘려도 멈출 수 없는 눈물이었다. 인생의 무상함을 뼛속 깊이 느끼는 순간이었다.

"인생은 덧없이 흘러가도다. 아이고 어머니" 빈소 앞에서 하루에도 몇번씩 통곡하시는 어머님, 무남독녀 외딸이 지키는 빈소가 쓸쓸해 보이는 것도 마음이 아팠다.

사임당의 의식 속에 떠오르는 할머니의 기억은 인자하신 모습뿐이다. 할머니와 함께 나물 캐고 손에 봉숭아물 들이며 포도 넝

쿨 아래서 전통 자수를 일러주시고 밤을 삶아 까서 입에 넣어주시던 할머님 자비로운 음성 따뜻한 손길 그 할머니께서 다시는 돌아올 수 없는 저승으로 가신 것이다. 할머니의 죽음은 손녀 사임당의 슬픔을 이루 다 말할 수 없게 했다. 그러나 이제 사임당도 인생의 희로애락을 몸소 체험하며 어려움을 참고 견딜 수 있는 위치에 이르렀다. 그만큼 그녀도 성숙해진 것이다.

불사(佛事)의 의식 속에 할머니의 시신이 삼천대천세계(三千大千世界:끝이 없는 광대무변의 세계가 일불 교화의 범위가 됨을 일컬음)로 옮겨 가는 날이 왔다. 색색의 만장 행렬이 길게 이어지고 몹시 슬퍼 창자가 끊어지는 듯한 호곡성은 저 멀리 하늘 높이까지 다다랐다.

슬픔이 복받쳐서 눈물이 솟아 앞을 가리는 와중에 할머니의 장례를 치르고 숨을 돌리는 순간 이어서 다른 충격적인 소식이 들려왔다. 그것은 아버지 신 명화 공이 한양에서 강릉으로 오는 중에 병을 얻어 생명이 위태롭다는 소식이었다. 이 무슨 청천벽력 같은 소리인가. 어머니와 더불어 온 가족들의 가슴은 철렁 내려앉았다.

그 무렵 사임당의 아버지 신 명화 공은 장모님의 병세가 무겁고 위독하다는 연락을 받고 급히 한양을 떠나 강릉으로 오고 있었다.

무남독녀인 부인이 홀로 상을 당하면 어찌한단 말인가. 빈소는 누가 지킬 것이며 상주 노릇은 누가 한단 말인가. 그는 서둘러 행장을 꾸려 강릉의 처가를 향해 지체 없이 출발했다. 그러나 신 공은 여주에 이르러서 장모 최 씨의 부음을 듣고 너무도 슬픈 충격에 빠져 음식도 먹지 못하고 잠도 못 이루고 하더니 마침내 머리 뒷부분이 차가워지고 횡성을 거쳐 운교역(雲交驛)에 이르러서는 아주 병색이 짙어져서 정신이 멍멍해지고 몸에 열이 끓어 올랐다. 그러나 그는 그대로 참고 견디면서 가까스로 진부역 창두 내은산(內隱山)까지 도착했지만 더 이상은 한 발자국도 뗄 수 없는 상태로 목숨이 왔다 갔다 하는 몹시 위급한 상황이었다.

내은산에 이르러서는 모두 머무르기를 권했으나 신 공은 그러할수록 머물러 묵고 있는 것이 더 고통이다 하고 지팡이에 몸을 의지하며 억지로 횡계역(橫溪驛)에 당도했으나 그땐 병세가 더욱 악화하여 울컥 붉은 피를 토해냈다. 족히 한 종지는 될 피였다. 아... 이 일을 어찌하면 좋단 말인가. 때마침 지나가던 사람들의 일행 중 한 사람이 다가와서

"혹시 북평 마을 최참판댁 사위 아니십니까?"

"그렇소만 뉘신지요?"

"저는 강릉에 사는 김순효(金舜孝)입니다. 지금 막 일을 마치고

강릉으로 돌아가던 중입니다. 한데 몸이 어찌 이렇습니까?"

"예에 장모님이 돌아가셨다는 소식을 듣고 급하게 움직이다 보니 경황 중에 이렇게 되었습니다."

그는 신 명화 공의 혈맥을 짚어 보는 등 애를 써서 일단 안정을 취하게 했는데, 기어코 어서 가봐야 한다는 신 공을 부축하며 가까스로 구산역(丘山驛)까지 함께 이동했다. 그곳에서 잠시 휴식을 취한 다음 겨우겨우 환자를 떠메다시피 하여 강릉 경내 조산(助山)에 있는 최(崔) 씨의 재실(齋室:무덤·사당 옆에 제사 때 이용하려고 지은 집)로 들어가 신 공을 눕히고 안정을 취하도록 했다. 김순효는 먼저 바쁘게 떠나면서 간곡히 말했다.

"여기에서 쉬고 있으시오. 이제 거의 다 왔으니 내가 얼른 가서 가족에게 알리다."

얼마 후 이러한 급보를 전해 들은 사임당의 어머니 이씨 부인은 여러 딸들과 사임당의 둘째 외삼촌 최세효의 셋째 아들인 최수몽(崔壽嵺)과 함께 맞이하러 급히 달려갔다. 이때 신 공은 가족들을 만났지마는 얼굴은 시커메지고 피를 연이어 토하며 말도 하지 못하는 것이었다. 그들은 임시변통한 들것에 신 공을 올려 눕히고 발걸음을 재촉하며 집으로 향했다. 신 명화 공은 기척도 하지 못하는 거의 죽음 직전의 상태였다. 이씨 부인은 어머님을 잃은 슬픔도 아직 채 가시지 않았는데 부군마저 이렇게 되매 천지가 캄캄할 따름이었다.

이것으로 보면 신 명화 공의 병세가 얼마나 위중했는지를 잘 알수 있다. 이때의 상황을 율곡 선생이 손수 기록해 놓은 이씨감천기(李氏感天記)를 근거하여 두루 헤아려 보기로 한다.

❖ 어머니의 단지(斷指)

친정 어머님 최 씨의 죽음이 몹시 슬퍼서 경황망조(驚惶罔措)한 가운데 병이 중하여 생명이 위태로운 남편 신 공을 맞이한 부인은 어찌할 바를 몰랐다. 이미 시기를 놓쳐서 온갖 약을 다 써도 효험이 없고 신 공의 병세는 완전히 절망상태에 빠지고 말았다.

이때 남편의 목숨을 살릴 길은 오직 천지신명께 기도를 올리는 길밖에 없다고 생각한 부인은 식음을 전폐하며 단식기도에 들어갔다. 새벽부터 뒷뜰 소나무 밑의 넓고 편편하게 된 큰 돌 위에 정화수를 떠 놓고 신령님께 빌고 또 빌었다.

"천지신명이시여, 제 지아비인 신 명화의 목숨을 살려주시옵소서… 굽어살피소서."

초상을 치르느라 힘든 몸이었지만 의지로 버티면서 7일 7야를 눈 한번 붙이지 않고 간절히 기원했다. 그래도 신 공의 병세에 차도가 없자. 부인은 어떤 결심을 하기에 이르렀다. 목욕재계하고 손톱·발톱까지 깎아 정신을 일신하며 화초장 서랍에 넣어둔 은장도(銀粧刀)를 품에 안고 집을 나섰다.

이씨 부인은 뒤도 돌아보지 않고 마을 뒷산으로 올라갔다. 목적지는 조상이 묻혀 있는 선산(先山)이었다. 산의 상층부에 있는 증조부 최치운 할아버님이 묻힌 묘 앞까지 간 부인은 품속에서 은장도를 꺼내 상석 위에 얹어 놓고 향불을 피우며 하늘을 향해 기도를 올리기 시작했다.

"하늘이시여! 하늘이시여! 착한 이에게 복을 주고 악한 자에게 화를 내리심은 하늘의 이치이옵니다. 그리고 선행을 쌓고 악행을 거듭하는 것은 사람의 일이옵니다. 지금껏 제 남편은 지조를 지켜 왔고 사흉한 행동이 없사오며 모든 행실에서 흉악스러운 점을 찾아보지 못했사옵니다. 그리고 또 아버지를 여의고서는 무덤 곁에 막을 치고 3년을 거하며 나물만 먹으면서 효성을 다했사옵니다.

하늘이 이 모든 것을 알고 계신다면 응당 선악을 잘 살피실 터이온데 어찌하여 이렇듯 지극한 화를 내리시옵니까. 저 또한 남편과 더불어 그 어버이를 봉양하느라 한양과 강릉에 서로 나뉘어 십육 년 동안이나 헤어져 살았습니다. 제 한 몸이 지금 어머니를 여의었사온데, 이제 남편의 병조차 위독하오니 외로운 몸을 장차

사임당의 소녀 시절

어디에 위탁한다고 하오리까. 원하옵건대 하늘과 사람이 한 이치 속이라 조금도 틈이 없사온 즉 하늘이시여. 하늘이시여 이 가엾은 여인의 사정을 굽어 살펴주시옵소서"

어느 부인이 지아비에게 비치는 정성이 어찌 이보다 더 지극할 수 있겠는가. 하늘을 쳐다보고 통곡을 하며 기도를 올리던 부인은 상석 위에 놓인 은장도를 집어 들어 칼집을 뺀 다음 망설임도 없이 왼손 가운뎃손가락 두 마디를 절단하여 옷고름으로 감싸 쥔 채 하늘을 우러러 가슴을 어루만지며 다시 기원한다.

"저의 정성이 지극하지 못하여 이러한 지경에 이르게 되었습니다. 몸뚱이나 머리터럭까지도 모두 다 부모에게서 받은 것이라. 감히 훼상하지 못한다. 하옵지마는 그래도 저의 하늘은 남편인데 하늘로 삼는 이가 무너진다면 어찌 홀로 살아간다고 하오리까. 바라옵건대 저의 몸으로 남편의 목숨을 대신하고 싶사오니. 하늘이시여 하늘이시여 저의 이 사소한 정성을 굽어살피시옵소서!"

이씨 부인은 하늘에 기도를 끝내고 다시 외증조부의 무덤 앞에 가서 엎드려 절한 다음 큰 소리로 고하기 시작한다.

"살아생전에 어진 신하이시었으니 돌아가셔도 맑은 영혼이 되시었을 것입니다. 하느님께 아뢰시어 저의 간곡한 청을 통달하게 하여 주시옵소서."하고 집으로 돌아 내려와서 손을 칭칭 동여매고 방으로 들어갔다. 행여 신공이 알까 봐 조금도 아파하는 기색 없이 싸맨 손가락을 안 보이게 감추면서 남편 곁으로 다가갔다.

바로 그때였다. 갑자기 밖이 어둑해지며 하늘에 검은 구름이 모여들고, 뒤이어 하늘을 쪼갤듯한 뇌성벽력이 고막을 때리며, 우레와 번개가 치고 죽죽 비가 쏟아졌다. 오랫동안 가뭄이 들어 구름한 점 없는 그 맑은 하늘이었는데 삽시간에 빗줄기를 뿌려댔다. 시간이 지날수록 빗줄기는 더욱 거세져 창호 문을 들이치는 소리가 요란했다. 사임당은 어머니를 부축해 안채로 모시고 동생들과 같이 아버지 곁을 지켰다.

비는 주룩주룩 내리고 아버지의 의식은 희미하게 사라질 듯 말듯 하고, 사임당은 무슨 일이 일어날 것만 같아 안절부절못하며 연이어 천지신명께 기도를 올렸다.

"천지신명이시여 제 어머니의 효성을 굽어보소서 비나이다 비나이다. 저의 아버지를 살려주십시오, 하늘이시어 굽어살피소서"

다음 날 아침이었다. 비는 개고 하늘은 청명하게 열렸다. 밤새도록 아버지의 병상을 지키던 사임당은 꿈인지 생시인지 어렴풋한 상태에서 고개를 들어 보니 하늘에서 대추 알 만한 크기의 환약 하나가 둥둥 떠서 내려오는 것이 아닌가. 사임당은 몽롱한 상태에서도 놀란 나머지 어찌할 바를 몰랐다.

이어 아쟁 소리와 같은 아름다운 가락이 은은하게 울려 퍼지는 가운데 방문이 스르르 열리고 뿌유스름한 뭉게구름이 밀려 들어

사임당의 소녀시절

51

오면서 그 사이로 두루마기 차림에 하얀 수염이 덥수룩한 노인이 홀연스레 나타났다. 그는 바로 신인(神人)이었다. 신인은 하늘에서 내려오는 환약을 재빨리 받아 들고 방으로 들어와 아버지를 안아 일으키며 입을 벌리더니 그 붉은 환약을 입에 넣어주고 금시 형체도 없이 사라져 버렸다. 아버지는 이미 알고 있었다는 듯이 놀라지도 않고 입에 넣어준 환약을 우물거리며 씹어 삼키는 것이다.

사임당은 혼미한 의식을 바로잡고 자리에서 일어났다. 이것이 분명 꿈인지 생시인지 그러나 너무도 생시처럼 또렷하게 기억이 되는 것이다. 가까스로 정신을 수습한 어머니가 미음을 가지고 들어오자 딸들은 방에서 물러 나왔다. 사임당은 좋은 꿈은 얼른 말하지 말라던 할머니의 말씀이 생각나서 아무런 말 없이 마음속에 담아 두었지만 아무래도 무슨 좋은 일이 일어날 것만 같았다.

그날 오전 외당숙 최수몽(이씨 부인의 외사촌 동생)이 문병을 왔다. 가족 모두 긴장 속에 병상을 지키고 있는데 아버지가 눈을 감은 채 가느다란 목소리로

"내일이면 내 병이 다 나을 게다" 하고 혼잣말을 하는 것이다.

옆의 외당숙이 깜짝 놀라서

"아니 어떻게 그걸 아십니까?"라고 묻자

아버지는 흐릿한 의식 속에서

"조금 전에 신인이 와서 알려 주었지"

이러한 아버지의 말에 좌중의 모든 사람은 어안이 벙벙했지만 단지를 하여 남편의 쾌유를 빈 어머니와 신인이 아버지께 환약을 먹이고 간 것을 현몽한 사임당은 마음속에 집히는 바가 있었다. 그리고 아버지의 말에 확신을 가졌다.

"방금 아버지께서 하신 말씀은 사실입니다. 내일이면 반드시 쾌차하실 것입니다."

사임당은 자신이 있게 말하였다.

"아니 네가 그것을 어떻게 아느냐"

방 안에 있던 모든 사람들은 사임당의 말을 의아스럽게 여겼다. 그러자 사임당은 비몽사몽 간에 일어난 일들을 기억 나는 대로 들려주었다.

"아버지께서 말씀하신 대로 하늘에서 내려오는 환약을 신인이 받아서 아버님 입에 넣어 드렸습니다."

사람들은 사임당의 터무니 없는 말에 모두 놀랐으며, 그것은 있을 수 없는 일이라고 생각했다.

"아무튼 내일까지 지켜보면 알 것이다."

신인이 준 약을 받아 먹였다는 이야기도 도저히 믿을 수 없거니와 신 명화의 병세가 너무나 악화하여 목숨이 경각에 이른 마당에 기적이 일어난들 어떻게 병상에서 일어날 수 있겠는가! 신 공의 병이 쾌차해서 일어난다면야 얼마나 좋겠냐 마는 그러나 그러한 기적을 바라기에는 너무도 신 공의 상태는 절망적이었다.

무거운 긴장감 속에 긴 밤을 보내고 아침 해가 밝아 왔다.

정말로 신 공과 사임당의 말처럼 오늘 병이 다 나아서 일어날 것인지 아닌지! 뜬눈으로 밤을 지새운 온 가족들은 모두 신 공의 용태를 주시하고 있었다.

아침 해가 둥 떠서 중천에 걸릴 무렵, 신 공은 푸… 하고 입으로 숨을 길게 내뱉은 다음 "아하 여기가 어디인가"라고 묻는 것이다. 그리고 그는 빙 둘러 걱정스러운 듯이 바라보는 사람들을 둘러 보았다. 지금까지 말 한마디 못하던 중환자가 몸을 부스럭거리며 입을 뗀 것이다. 그러자 부인 이씨가 남편의 이마에 오른손을 얹어 보았다.

"이런 몸에 신열이 나지 않습니다." 하며 기쁜 듯이 울부짖었다.

화들짝 놀란 사람들은 돌아가며 신 공의 손을 잡아 보았다. 과연 그렇게 뜨겁던 몸의 열기가 사그라진 것이다.

"와 정말 이런 기적 같은 일이 일어났구려."

모두 기쁨에 넘쳐 서로 손을 맞잡고 소리쳤다.

그렇다. 하늘은 무심치 않았다. 남편의 쾌유를 빌며 손가락을 잘라 피를 보이면서까지 기도를 올린 부인의 정성에 하늘이 감동한 것이다.

사람들은 이씨 부인이 단지한 것을 모르고 있었다. 이때 비로소 부인이 산에 올라 단지를 하며 마음과 정성이 지극하게 하늘에 기도드린 사실을 알게 되었다.

신 명화 공은 왼손을 싸맨 무명천에 붉은 선혈이 배어 나와 엉겨 붙어 검붉게 물든 부인의 손을 넌지시 바라보며 떨리는 목소리로 말한다.

"부인을 볼 면목이 없구려, 내 반드시 일어날 것이니 안심하시오. 참으로 고맙소."

사임당이 말한 예상(豫想)은 어김없이 들어맞았다. 아버지의 병세는 날이 갈수록 조금씩 돌려서 나아가 그 모진 병마를 이겨내고 마침내 자리에서 일어났다. 가족들과 온 마을 사람들은 모두 놀랐다. 부인이 단지하며 기도를 올린 지성이 하늘에 닿아 기적이 일어난 것이라고, 이 사실을 마을은 물론 강릉 고을에 널리 퍼지면서 깊은 감동을 불러일으켰다.

이씨 부인의 이야기는 마침내 조정까지 알려져 부인을 표창하는 열녀 정각까지 세워지니 때는 중종 23년(서기 1528년), 이씨 부인이 49세, 따님 사임당의 25세 되는 해이다. 그러나 애석하게도 기적적으로 다시 소생했던 신 명화 공은 바로 그 이듬해에 세상을 떠났기 때문에 부인의 정각이 서던 그 해에는 이미 돌아가신 지 6년이 되었다.

어머니의 단지(斷指), 이 이야기는 율곡전서(栗谷全書) 제14권에

있는 이씨감천기(李氏感天記)에 기록된 것을 각색한 것이며 이는 율곡 선생이 18세 되는 해 명종 8년(서기 1553년)에 쓴 것으로서 외조모 이씨 부인의 74세 되던 해이고 어머니 사임당이 별세한 지 2년 뒤였다.

외할머니 이씨 부인은 이 사온(李思溫)의 집 외동 따님으로 태어나서 자기 자신은 수명이 길어 오래 살았지만, 모든 것이 덧없는 세상에서 남편을 먼저 보내는 슬픔만이 아니라 사랑하는 따님 사임당까지 앞서 보내는 아픔을 겪지 않으면 안 되었다. 그러나 한편으로 즐겁고 위로가 되는 사실은 딸 사임당 대신으로 외손자 율곡이 있어서 한 나라의 뛰어난 인물이 되었는데 그러한 외손자로부터 지극한 효성을 받는 그것이었다. 율곡은 어머님 사임당을 대신한다는 것보다도 외롭게 홀로 계시는 외할머님 이기에 봉양하는데 온갖 정성을 쏟았던 것이다.

현시대에 이런 이야기는 하나의 소설 같은 이야기로 들릴 것이다. 과학 문명이 발달한 오늘날 산에서 기도를 하고 단지를 하여 생명이 위태로운 남편의 병을 고쳤다는 것은 믿기 힘든 이야기이다. 그러나 우리는 병의 완쾌 여부를 떠나 남편을 죽음에서 구하려는 이씨 부인의 진심에서 우러나오는 곧은 절개에 깊은 감동을 느끼는 것이다.

혼인을 정함

　　사임당은 열아홉 살 때 이 원수(李元秀) 공과 혼인하였다. 이씨 부인은 남편 신 명화 공의 건강이 원만해지자 딸 사임당의 결혼 문제를 걱정하기 시작했다. 진즉 서둘러야 했을 나이였지만 그 안에 닥친 우환 때문에 생각할 겨를이 없었다. 마음 같아서는 딸만 있는 집안의 가장 역할을 할 수 있는 영특한 딸이었으므로 어찌해서든 참한 데릴사위를 맞아들이는 것도 좋겠지마는 그것도 뜻대로 쉽지는 않은 것이었다. 그 후 이씨 부인은 이곳저곳 매파를 넣고 신 공은 신 공대로 사임당의 배필을 고르기 위해 이리저리 인편을 보내며 서두르고 있었다. 얼마 후 한양에서 손님이 왔다. 신랑 될 사람 이 원수의 사주와 서신을 가지고 온 것이다. 이씨 부인은 대청마루에 돗자리를 깔고 정중하게 사주단자(四柱單子)를 받았다. 사임당의 배필은 한양에 사는 이 원수로서 사임당보다 세 살 많은 스물두 살의 총각이었다.

❖ 부군 이 원수 공

원래 이 공의 이름은 이난수(李蘭秀)이었으나 후에 난초 난자를 으뜸 원자로 바꿔 이 원수로 개명했다고 한다.

이(李) 공의 본관은 덕수(德水)이씨로 고려 시대의 중랑장이었던 이돈수(李敦守) 공의 12대손으로서 연산조 7년(서기 1501년)에 출생했다.

충무공 이순신(忠武公 李舜臣)도 같은 조상의 덕수 이씨로서 4대 때 지파가 분리되어 12대째에 이르렀다. 따라서 이 원수 공과 이순신 장군은 같은 형제 항렬로 18촌 동행 간이 된다.

이 공의 아버지 천(蕆)공은 성종 14년 (서기 1483년)에 태어나 연산조 12년 (서기 1506년)에 24세로 세상을 떠났다. 그리하여 이 원수 공은 6세 때에 아버지를 잃고 독자로 홀어머니 홍 씨 슬하에서 자랐기 때문에 유학(儒學)을 배우고자 했으나 학문에 깊이 들어갈 형편이 되지 못했던 것 같다. 그래서 중종 17년 (서기 1522년) 22세 때 신 명화 공 문중의 따님 사임당(당시 19세)에게 장가를 들어 모든 학문을 오히려 그 부인에게서 듣고 배워 많은 깨달음을 얻었다.

❖ 혼례식 날

하늘을 아침노을이 벌겋게 물들인다.

오곡백과가 풍성하게 익어가는 초가을 청명한 날씨, 하늘도 오늘의 혼례식을 축복하듯이 구름 한 점 없는 맑게 갠 날이다. 늦여름 풍년을 기원하는 농사 마무리에 한동안 분주했던 동리의 대소가 사람들이 먼동이 트기 전부터 사임당의 집으로 몰려들었다. 부지런한 사람들은 누가 시키지 않아도 자신들의 할 일을 찾아 소매를 걷어붙인다. 오랫동안 한마을에 살다 보니 그들은 누구네 집 부엌에 숟가락이 몇 벌 있는 것까지도 훤히 알고 있다.

그러하듯 여인네들은 하객 접대를 위한 음식을 준비하느라 분주다사하고 남정네들은 혼인 예식을 치르는 곳을 마련하여 갖추느라 몹시 바쁘게 움직였다. 초례 준비가 끝나갈 무렵 친·인척들과 마을 사람들이 찾아 들기 시작했다. 맑게 갠 푸른 하늘 살랑 불어오는 가을바람의 품 안에서 천성이 착하고 행동까지 바르고, 글·그림 솜씨가 뛰어나 인근의 고을에서 칭송이 자자한 사임당의 혼례를 구경하기 위해 그들은 짝을 지어 속닥이면서 초례청(醮禮廳:혼인 예식을 치르는 곳)으로 모여들었다.

오시(午時:오전 11시에서 오후 1시 사이)가 될 즈음 전통 혼례에서 신랑이 기러기를 가지고 신부집에 가서 상 위에 놓고 절하는 예를 치르기 위해 신랑 앞에 서서 기러기를 들고 가는 사람 곧 기력 아비의 뒤를 따라 신랑이 들어오고 곧이어 대례(大禮)가 시작되었다.

화려하면서도 품위 있게 사모관대를 갖추어 입은 신랑은 동쪽에 원삼 족두리를 차려입은 신부는 서쪽으로 갈라 서로 마주 보며 각각 거들어 주는 사람의 도움을 받으면서 진행자의 지시에 따라 의식을 치른다. 고족상에 모든 예물을 고루 갖추어 놓고 합환주를 교환하며 사임당과 신랑 이 원수 공의 백년해로를 기원하는 엄숙한 예식을 올렸다.

사임당은 이제 갓 결혼한 새색시가 되었다. 이는 사임당이 열아홉살에 이르러 새로운 인생의 행로를 향해 첫발을 내딛는 순간이기도 하다. 만리 장천과 같은 인생길이 탄탄대로 인지 험난한 가시밭길인지는 아무도 알지 못한다. 오로지 한 여인으로서 낭군을 받들어 모시고 아들·딸 잘 낳아 바르게 가르쳐 길러내는 것만이 자신의 소임으로 알고 살아가야 하는 것이다.

❖ 혼례를 올리고

신방의 촛불이 너울거리며 타오르는 가운데 첫날밤을 무난히 넘기고 새로운 인생의 장이 펼쳐졌다. 사임당은 보통 때보다 조금 늦게 일어났지만, 밖은 아직도 어둑하다 곁에 누워있는 남편이 어렴풋이 보인다. 얼굴도 알지 못하는 낯선 남자와 하루 사이에 부부가 되었음이 너무도 신기롭다. 그가 깨지 않도록 슬며시 자리를 빠져나왔다.

세수간에 가서 몸을 씻고 나오니 희미하게 밝아오는 새벽의 여명 속에서 널찍한 마당의 이곳저곳이 눈에 들어온다. 뒷동산의 오죽이며 별당 옆의 홍매화나무, 집 앞의 참나무와 그 위에 둥지를 튼 까치집, 저 멀리 바라보이는 고을의 자랑인 경포호, 소나무 우거진 한 송정, 자신은 무언가 대단한 일을 겪어 낸 것 같은데 그들은 아무 일도 없었다는 듯 어제의 모습 그대로이다. 달라진 것은 아무것도 없었다. 사임당은 불현듯 가슴이 두근거리고 양볼이 후끈 달아올라 따끈해져옴을 느낀다. 이리해서 모두가 어른이 되는가 보다.

사임당은 부군 이 원수 공이 처가에 유하는 동안 점차로 그를 알아가기 시작했다.

그는 격식에 얽매이는 사람이 아닌 듯했다. 옷 입는 맵시도 반듯하게 입고 바르게 접어 매었으면 좋으련만 그저 적당히 꿰어 입고 옷고름이 틀어지건 말건 개의치 않았다. 그 말하는 본새도 조금 성급해서 무게가 없고 믿음직스럽지 못했으며 걷는 모습도 바른 자세로 걷지 않고 약간 건들거리며 걷는 품세가 묵중하고 의 젓한 멋이 보이지 않았다.

식사 예절도 그랬다. 아버지와 마주 앉아 식사하는 자리에서도 그는 주의 깊게 삼가함이 없었다. 음식을 입어 넣은 채 말을 하기도 하고 입에 맞는 음식에는 서슴없이 맛있다고 호들갑을 떨었다.

"국물이 아주 시원하고 좋은데요. 이 생선 이름이 무엇입니까?"

"동해의 한 가운데에 있는 섬 독도 앞 바다에서 잡은 명태라네. 많이 먹게나"

그는 후루룩 쩝쩝 소리를 내며 명탯국을 맛나게도 먹었다.

어려서부터 할아버님한테 익히 들어 알고 있는 예기의 곡례편을 보면

· 밥을 말아 먹지 말 것이며 젓가락으로 훑어서 먹지 않아야 한다.

· 국을 먹을 때는 후루룩거리며 건더기를 들이마시지 말 것이며, 주인이 보는 앞에서 국그릇에 간을 맞추지 않아야 하고, 이를 쑤시며 식사를 해선 안 된다.

· 여러 사람이 모여 함께 음식을 먹을 때에는 혼자서만 배불리 먹지 아니하며 밥을 먹을 때 불결하게 손으로 집어 먹어서는 안 된다.

· 훌쩍거리며 들이마시지 말 것이며, 쩝쩝데며 요란스럽게 먹지 않아야 하고 먹던 음식을 다시 그릇에 담지 말 것이며, 다 먹고 난 뼈다귀라 할지라도 함부로 개 또는 고양이에게 던져주어서는 안 된다.

· 일부러 음식을 더 먹으려고 애쓰지 않아야 하고, 밥을 흘리지 말 것이며, 기장밥을 먹을 때에는 젓가락으로 먹지 않아야 한다.

이러한 식사할 때의 예의범절도 그는 별로 개의치 않는 것 같았다. 그러나 아버지와 어머니는 그러한 그를 너그럽게 이해하셨다.

"사람이 형식에 얽매이지 않고 언행이 수수해서 좋구나. 새신랑이 너무 의젓해서 우리를 거북스럽게 하는 것보다는 낫다."

사임당은 부모님 또한 그의 언행에 조금은 실망하였을 거라고 생각되었다. 그러나 그녀는 마음을 굳게 다잡는다. 그는 나의 서방님이다. 실망스러운 점이 있더라도 미워해서는 안 된다. 내가 그를 넘본다면 누가 그를 높이 보고 중히 여기겠는가. 이제 부부가 되는 인연을 맺었으니 서로 부족한 것은 보완하며 살아가야지 나는 할아버님·할머님·부모님 슬하에서 양호한 교육을 받았지만, 그는 어려서 아버지를 여의고 홀어머니 밑에서 자라지 않았는가. 그늘이 없는 성품에 마음이 뒤틀리지 않고 밝은 것만 해도 큰 축복이 아니겠는가.

사임당은 순간적으로 회의감이 일었던 자신을 질책하며 다시 한번 마음을 가다듬었다.

울긋불긋 물든 가을 나뭇잎이 한들되는 시골길을 유유자적하게 걷고 있는 그들 한 쌍은 단풍이 붉고, 누릇하게 스며든 아름다운 산세보다 더욱 돋보였다. 꿈결 같은 하루하루가 지나고 있었다.

신혼의 단꿈에 젖어 있는 부부는 빛깔 고운 한복을 갖추어 입고 뒷동산의 선영에 성묘를 하고 대소가 어른들에게도 문안을 드렸다. 그들은 아무 속박 없는 여유를 즐기면서 지내온 일들에 대해 얘기도 하고 양가 부모님에 대한 이야기도 나누며 경포호숫가 언덕 위에 있는 누대에 올라 저 멀리 지평선을 바라보면서 앞으로의 생활을 마음속으로 그리며 상상해 보았다.

❖ 신행(新行)을 미루다

혼례를 올린 지 두 이레가 지났다. 이제 신부가 신랑 집으로 들어가는 혼행길에 오르는 날이 다가왔다.

당시 사임당의 외가 형편은 홀로된 연로하신 할아버님 그리고 친정살이하는 어머니와 외손녀들뿐이었다. 그래서 외가에선 큰 외손녀는 이미 출가했으므로 둘째인 사임당을 아들 삼아 키워 왔기 때문에 혼인했어도 바로 남편과 같이 한양의 시댁으로 보내지 못했다. 이와 같은 사정은 율곡 선생이 지은 "어머님 행장" 편에 잘 묘사되어 있다.

아버지 신 공은 딸을 떠나보낼 일이 걱정되었다. 자신도 한양으로 돌아가야 가는데 사임당 마저 없으면 부인의 허전한 마음이 오죽이나 하겠는가. 신 명화 공은 심사숙고한 끝에 사위 이 원수를 불렀다.

"그리 좀 앉게나, 내 자네한테 잠깐 할 말이 있네"

"예. 무슨 말씀이신데요?"

"자네한테는 면목 없는 말이네만, 자네 처를 당분간 친정에 두었으면 하네, 사위도 알다시피 우리 집안에서 아들이나 진배없이 키운 아이인데, 갑자기 떠나 버리면 자네 장모가 생병이 날 것 같네, 그리고 학문을 배워 익히느라 살림도 잘 모르는데 신부 수업도 할 겸 해서 여기에 잠시 머무르다가 데려가면 안 되겠는가? 자네가 좀 고생스럽더라도 가끔 왔다 갔다 하고"

어서 빨리 한양으로 데리고 가 어머니와 대소가의 어른들께 인사도 드리고 부인의 총명함과 재능을 자랑도 하고 싶었는데… 이

혼인을 정함

65

원수는 적이 놀라 어리벙벙하였다.

"그… 그렇지만요…"

"그래 자네 심정 잘 알고 있네, 실은 나도 한양과 북평촌을 왕래하면서 살고 있어, 자네 장모가 무남독녀라서 친정 부모님이 의지할 데가 없으니 북평촌에 터를 잡고 한양을 오가면서 살면 안 되겠냐고 처지를 하소연 하더구먼, 나도 처음엔 당황했지만 그게 다 부모에게 효도하는 마음 아니겠는가? 나 하나 고생해서 여러 사람 좋으면 그게 다 복을 짓는 일이지. 덕분에 나도 성인군자들의 글귀를 더 많이 볼 수 있었다네, 그러니 자네도 좀 생각을 해 보게나"

"그래도 어머님이 많이 보고 싶어 하실 텐데요…"

"암 당연하시겠지, 그렇지만 평생을 나 같이 이렇게 살라는 것이 아니고 당분간 몇 개월 만이라도 묵으면서 마음의 준비도 하고 살림살이도 좀 배워 가자는 것인데 어머님께서 그걸 이해 못 하시겠는가?"

"아 알았습니다. 그럼 그렇게 하겠습니다……"

마음 착한 신랑은 장인의 청을 거절하지 못하고 마지못해 대답한다.

"고맙네! 어머님께는 죄송하네만 자네가 섭섭하지 않게 잘 말씀드리소, 내 자네 마음 잊지 않겠네, 한양에 오거들랑 기별을 하소"

다음 날 사임당의 아버지 신 명화 공은 이게 마지막 길이 될 줄은 꿈에도 생각지 못하고 홀가분한 마음으로 한양을 향해 떠나갔다.

사임당은 낭군 이 원수 공에게 미안한 마음이 들었다. 한양에 혼자 계시는 어머님을 생각하면 아버지의 청을 받아들이기가 쉽지 않았을 텐데 역시 어진 사람이구나. 사임당은 시어머님께 죄송했고 연민까지 느껴졌다. 나를 낳아 주신 어머님이 소중하듯 남편을 낳아 주신 어머니도 소중한 분이 아니던가, 내년 봄에 올라가면 잘 모시고 효도해야지. 그 후 낭군 이 원수는 이레쯤 더 묵다가 부인과 처가 식구들의 배웅을 받으면서 한양으로 떠났다. 사임당은 왠지 마음이 허전했다. 아버지가 다니러 오셨다가 떠나실 때 느꼈던 그런 감정과는 또 달랐다. 어머니도 이런 마음으로 아버지를 떠나보내셨을까? 이제 어른이 된 사임당은 어머니를 더욱 이해하게 되었다.

❖ 아버님의 돌아가심

청천벽력의 비보를 접한 때는 찬 바람이 몰아치기 시작한 초겨울이었다. 어느새 높은 산봉우리에는 눈이 쌓여 아침 햇살에 반짝이던 시기에 뜻하지 않는 슬픈 소식이 한양에서 북평 마을로 전해져왔다. 그것은 아버지 신 명화 공이 병환으로 세상을 떠나셨다는 충격적인 소식이었다.

신 명화 공은 중종 17년(서기 1522년)에 둘째 따님 사임당을 이 원수에게 출가시키고 나서 대략 삼개월 여가 지난 동짓날 초이렛날에 서울 본가에서 별세하니 향년 47세의 나이였다. 신 공은 살아생전에 너무 공정하고 엄격한 성품을 지녔던 분으로서 장인 되는 이 사온(李思溫)과의 사이에 실제로 있었던 이야기로 이런 내용이 전해진다. 어느 날 신 공의 장인이 동네 친구와 만나기로 약속하고 마침 급한 일로 못 가게 되어 신 공을 불러 '병을 얻어 못 간다.'는 뜻으로 편지를 쓰라고 했으나 신 공은 도리어 정색을 하고 강경한 태도로서 거절했다고 한다. 그리고 또 둘째 따님 사임당을 출가시킬 무렵 한양에서 내려간 어떤 이가

"대궐에서 처녀를 뽑아 간다더라."는 헛소문을 퍼뜨려 밑도 끝도 없이 퍼진 이 해괴한 소문으로 딸 가진 사람들은 당황하여 양반의 집에서도 예식절차를 다 갖추지 못하고 대충 짝 맞추기에만

분주했다. 이것은 전조 임금인 연산군이 팔도강산에서 수백 명의 처녀를 대궐로 뽑아드렸던 사건이 있었으므로 백성들은 헛소문이라고 웃어넘길 수만은 없었다. 따라서 사임당의 혼인도 그 일로 인하여 간략하게 혼례를 치르자는 주장이 나왔다. 그러나 강직한 신 명화 공은 "예식 절차를 적용되는 법칙대로 따라야 한다." 하며 조금도 흔들리지 않고 예절을 모두 지키면서 여유만만하게 딸의 결혼식을 치렀다는 것이다. 이러한 일은 신 공의 성품을 짐작게 하는 일화로써 정돈된 인격의 한 자락을 엿볼 수 있다.

한양에서 북평촌까지는 머나먼 400리 길이다.

아버님의 장례가 끝난 지도 이미 여러 날이 지났다. 사임당은 어머니와 함께 소복단장을 하고 아버님 영정 앞에 향불을 지폈다. 제주를 따르고 사배를 했지만 솟아오르는 슬픔을 도저히 억누를 수가 없었다. 멈추지 않는 애끓는 통곡 속에 밤을 지새웠건만 어찌 그 단장의 아픔을 달랠 수가 있겠는가?

남편을 잃은 어머니 이씨의 슬픔은 말로는 이루 다 형용할 수 없는 고통이었다. 얼마나 소중하게 섬겼던 남편이던가. 이레 동안 단식기도를 마치고 단지까지 하며 천지신명께 기도를 올려 가까스로 구한 남편의 목숨이었다. 그런 남편이 세상을 떠나 이미 땅속에 묻히셨다니 이것이 정녕 꿈이 아니고 생시란 말인가. 도무지

믿어지지 않았다. 이씨 부인은 딸들과 함께 곡(哭)을 하기 시작했다. 사임당은 그러는 어머니를 따라 슬픔을 주체하지 못하고 목메어 울었다. 인생살이가 아무리 희로애락의 연속이라고 하지만 너무나도 갑작스레 닥친 슬픔이었다. 혼인하고 새로운 인생을 출발한 사임당으로서는 신혼의 꿈이 채 가시기도 전에 들이닥친 크나큰 시련이었다.

이씨 부인은 문득 정신이 들었다. 이렇게 넋 놓고 울고만 있을 때가 아니었다. 졸지에 닥친 일이라 경황이 없었지만, 정신을 차려야 한다. 이씨 부인은 행랑채의 방쇠 아범에게 일러서 시킨다. 시집간 맏딸에게도 이 사실을 전하라 했고, 옆 마을에 사는 외사촌 동생 최유를 불러오라 했다.

잠시 후 소식을 듣고 급히 달려온 외사촌 동생 최유는

"누님 심려가 크십니다. 뭐라고 위로의 말씀을 드릴 수가 없네요."

"고맙네, 동생이 방쇠 아범과 함께 한양을 좀 다녀와야겠네."

연로하신 아버님도 계시고 먼 길을 딸들과 함께 간다는 것도 그러하고. 또 이러한 집안을 놔두고 나 혼자 움직인다는 것도 그렇고 해서 말일세. 최유는 이러니저러니 가타부타 묻지도 않고 알겠노라고 승낙한다.

"예 누님 잘 알았습니다."

최유 공은 다음날 이른 새벽이 되자 이씨 부인의 본가를 향해 한양으로 출발했다.

저녁때가 되자 이씨 부인은 딸들과 같이 곡을 하기 시작한다. 사람의 운명이 그렇게 허망할 수 있을까?

"아무래도 네 할머니 초상 때 몸을 너무 무리했던 거야."

어머님은 이래저래 아버지에 대한 미안함이 쌓이는 것만 같았다.

최유 공의 일행이 한양에 다다랐을 때에는 이미 발인은 물론 삼우제까지 끝난 뒤였다. 다행히 이 원수가 한양에 있어서 입관식이나 발인때 사위로서 해야 할 도리를 갖추었다고 하니 뜻밖에 잘된 일이었다. 최유 일행은 먼저 사임당의 아버지 신 명화 공의 신위(神位) 앞에 예를 갖추고 이 원수의 안내를 받으며 신 공의 분묘로 향했다.

신 명화 공의 유해는 처음에 지평(砥平) 적두산(赤頭山) 기슭에 매장했으나 뒤에 다시 이씨 부인의 외증조부가 묻힌 강릉 종중산(宗中山)으로 옮겨 모셨다. 이 일도 역시 이씨 부인이 주관하여 이루어진 것으로 사료된다. 이씨 부인이 신 공을 섬기는 정신이 얼마나 절실했는가를 알게 한다.

십여일쯤 후, 최유 일행과 사위 이 원수는 고인이 된 신 명화 공의 신위를 모시고 한양에서 출발하여 양평을 지나고 횡성을 지나, 안흥, 진부, 횡계를 거쳐 구름도 쉬어가는 대관령 고개를 굽이 돌아 강릉 북평 마을에 도착했다.

이씨 부인은 방 한 칸을 깔끔하게 치우고 정성을 다하여 궤연 (几筵:죽은 사람의 영궤와 혼백·신주를 모셔 두는 곳)을 꾸며 끼니때 마다 영위 상에 진지를 올렸다.

사임당은 만사를 제쳐 놓고 행여 어머니 이씨 부인이 잘못이라도 될까 건강을 챙기는데 온 힘을 기울였다. 동생들 공부 돌봐주는 일은 소홀하지 않았지만, 글씨·그림·수예 등의 모든 자기 생활에서 손을 떼었다. 오직 어머니를 섬기고 아버지의 영위에 정성을 들이는 일이 그녀의 일과가 되었다.

얼마쯤 그런 생활이 계속되자 이씨 부인은 정신이 들기 시작했다. 사임당의 정성 어린 보살핌이 차츰 미안해지기 시작했다. 풀이 죽어 낙심한 모습으로 가끔 들어와 멀거니 쳐다보고 있는 딸들에게도 미안했다. 내 한 몸 아파 누워 여러 사람 괴롭히면 안 되지. 아직 어린 막내딸을 봐서라도 내가 정신을 차려야지. 그녀는 서서히 입맛을 잡아 밥을 먹기 시작했다. 그리고 사임당에게 "이제 원만하니 내 걱정일랑 그만두고 신랑 잘 보필하면서 글씨쓰기·그림그리기·자수 놓기 등 네 일에 애쓰거라"하며 단단히 일렀다.

❖ 남군 이 원수 공을 일깨우다

사임당과 남편 이 원수 공과의 인연은 참으로 의문스러운 만남이다. 비록 나이는 사임당보다 세 살이 위였지만 학문이나 여러 재능이 부인에게 훨씬 미치지 못했음은 전해져 오는 일화 속에서도 알 수 있다. 사임당은 남편의 학식이 모자람을 절실하게 느꼈다. 이미 학문적인 면이나 예술적인 재능이 깊은 경지에 이르렀던 사임당으로서는 절망감에 빠질 수 밖에 없는 일이었다. 그러나 사임당은 낙담하지 않고 남편의 장래를 위해 학문에 전념할 것을 간절하게 권했다.

마음의 여유가 생기자 사임당은 다시금 학문적인 의욕·예술에의 투지가 솟아올랐다. 그녀는 알뜰하게 계획을 세우고 시간을 관리하기 시작했다. 아침 무렵에는 책 읽기가 가장 좋았다. 붓글씨나 자수는 낮에도 할 수 있지만, 성현들의 글을 마음속에 들이기에는 아침 시간이 유익했다.

사임당은 남편 이 원수 공을 슬며시 추어올리고 구슬려서 함께 책을 읽자고 권하였다. 그러나 그는 쉽사리 책에 빨려들지를 못했다. 또 여기서는 외가로 친·인척이 많아 걸핏하면 잔치가 벌어지고 술자리가 빈번해서 그 또한 장애였다. 그리고 여기저기 초대받

혼인을 정함

아 가면 술을 너무 많이 마시는 것이다. 자기 절제가 안 되는지, 의지가 약한지, 사람이 좋아서 거절 못 하는지는 알 수가 없었다. 그러던 어느 날 사임당은 이 공 앞에 엄숙히 정좌한 다음 진지하게 자신의 의견을 말했다.

"서방님, 한양으로 올라가서 공부하는 것이 어떨까요?"

"나는 이곳이 좋소. 또 부인과 함께 있는 것이 좋은데 왜 가라 하는 것이오?"

"남자는 학문과 심신을 갈고닦아 세상에서 꼭 소용이 있는 사람이 되어야 한다고 생각합니다. 공부도 때가 있어 더 늦으면 하기 힘들지요. 그러니 이제 한양으로 돌아가서 학업에 열중하는 것이 어떻겠습니까? 어머님도 무척이나 좋아하실 겁니다."

"여기에서 부인이랑 같이 공부하면 되지 않겠소?"

"하지만 어찌 공부만 하고 있겠습니까? 무엇보다도 어머님이 홀로 계셔서 아니 됩니다. 모쪼록 저의 뜻대로 해주십시오. 한 10년 계획을 세워서 열심히 공부하면 반드시 무엇인가를 이룰 수 있을 겁니다."

"아니 10년씩이나요. 너무 길지 않습니까. 혹 5년이라면 몰라도…"

"그때 가면 서방님 나이는 서른다섯이 됩니다. 그 나이면 장부로서 세상을 위해 무엇인가를 할 수 있지 않겠습니까. 또 5년 공부로는 무엇을 얼마나 해내겠습니까. 뜻은 마음에 품는 것이 중요합니다. 부디 결심하십시오."

이 원수 공은 아내 사임당의 학문과 재능이 뛰어나서 자신이 크게 미치지 못함을 익히 알고 있는 터라 부인의 제의를 거절하지 못하였다.

"부인의 뜻이 옳소. 내가 일찍이 글공부를 못 해서 오늘날 부인에 크게 미치지 못하고 있소. 그러니 부인의 뜻을 따라 앞으로 한 10년 학문에 매진하겠소."

며칠 후 사임당과 굳은 약속을 한 이 원수 공은 사랑하는 아내를 처가에 남겨둔 채 거침없이 길을 떠났다. 그러나 결심이란 것이 마음을 굳게 정할 때는 철석같았지만 원래 모질지 못한 이 공은 처가인 북평촌을 떠나 이십리 길을 걸어 성산 땅에 이르러선 더 발걸음이 떨어지지 않았다. 까닭은 사랑하는 아내에 대한 사무치는 정 때문이었다. 그리고 그것은 마음이 어진 이 공의 인성이기도 했다. 마침내 이 공은 해가 져서 어둑해지기를 기다려 북평 마을 처가를 향해서 발길을 돌렸다.

아침에 한양으로 출발한 남편이 저녁 무렵에 집으로 되돌아오자 아내인 사임당의 실망은 이만저만이 아니었다.

"아니 이러실 수가 있습니까. 하루를 못 견디시다니요"

"내 아내 곁을 떠나서는 살 수가 없을 것 같소. 여기에서 열심히 하리다."

"안됩니다. 내일 다시 떠나시길 바랍니다."

이 원수 공은 하룻밤을 지내고 다음 날 아침 재차 한양을 향해 길을 떠났다. 오늘은 무슨 일이 있어도 앞만 보고 갈 것이다. 다시는 돌아보지 않을 것이다. 단단히 결심하고 대관령을 향하여 발걸음을 재촉했다. 그러나 성산을 지나 대관령 목전의 가마골에 이르러 그는 더 걸을 수가 없었다. 그것은 처가인 북평촌에서 삼십리 떨어진 곳이었다. 날이 저물어서 다시 처가로 돌아간 이 공을 반기는 사람은 아무도 없었다. 그는 무렴하여 아내에게 하소연한다.

"나는 당신도 좋지마는 이 마을도 좋단 말이오. 물 맑고, 풍경 좋고, 사람들 또한 흔연스럽고 이 좋은 곳을 두고 도대체 어디로 가라는 것이오."

"무엇이든 다 때가 있는 법입니다. 즐거움은 학문을 성취한 뒤에 그때 가서 취하셔도 늦지 않습니다."

"아 알았소. 내일 날이 밝으면 떠날 것이니 너무 심려치 마시오."

하며 떠름한 목소리로 사임당을 위로하였다.

"그리고 무료하시면 봄·가을에 한 번씩 왔다 가시면 될 것 아닙니까!"

사임당은 남편 이 원수 공을 핀잔도 하고 달래기도 하면서 구슬려 세웠다. 그러나 셋째 날은 둘째 날 보다 겨우 십 리를 더 걸어 대관령 바로 밑 반쟁이에 이르러서 또 발걸음을 멈추었다. 굽어져 감아 도는 호젓한 산길 그 길을 통해 대관령에 들어서면 다시 돌아올 수 없을 것만 같았다. 이 공은 그곳에서 주저앉고 말았다. 그리고 사랑스럽고 자애로운 부인 사임당의 모습이 눈앞에 아른거렸다.

"도저히 이대로 고개를 넘을 수 없다. 다시 돌아가자!"

이 공은 부인의 곱고도 믿음직스러운 자태를 잊지 못하고 또다시 발길을 돌려 북평촌으로 돌아오고 말았다.

사임당은 이렇듯 의지가 약한 남편에 대해 여간 실망하지 않을 수 없었다.

"서방님은 남아 장부로서 아내인 저에게 굳은 약속을 하셨습니다. 그리고 뜻을 세우고 학문을 닦고자 길을 떠난 것인데 연거푸 세 번씩이나 돌아온다면 앞으로 무슨 큰일을 하시겠습니까? 참으로 실망이 큽니다."

사임당은 길게 숨을 몰아쉬며 탄식을 하였다.

그러나 이 공은 얼굴색 하나 변하지 않고 천연스럽게 말한다.

"부인 내 마음도 좀 알아주시오. 그리고 반드시 떨어져 살아야만 글공부를 할 수 있다고는 생각지 않소. 그러니 당신 곁에 있으면서 학업에 전념할 수 있도록 해 주시오."

이에 응하는 사임당의 언사는 매정하기 그지없었다.

"남아 장부로서 어찌 그리도 나약하십니까? 더 이상 타성에 젖어 학업을 미룬다면 서방님만을 하늘처럼 받들고 살아가는 저로서는 이미 세상이 끝난 것이나 다름없습니다. 희망이 무너지면 살아갈 의미가 없지요. 저는 이제 머리를 깎고 산으로 들어가 중이 되겠습니다."

그리고는 보자기를 꺼내 펼치더니 그 위에 낭자머리를 풀어헤쳤다. 그리곤 오른손으로 가위를 집어 들고 머리카락을 자르려 했다.

너무나 놀란 이 공은 얼른 가위를 빼앗았다. 그리고 애초에 약속한 대로 한양으로 올라가 학업에만 전념할 것을 다시금 굳게 약속했다.

"알았소. 제발 고정하시오. 내 다시는 이런 일은 없을 것이요"

"정말입니까? 믿어도 되겠습니까?"

"그렇소, 믿어 주시오. 내일 당장 떠나리다."

"만일 서방님께서 계속 언약을 지키지 않으신다면 저로서는 이보다 더 큰 결단을 서슴지 않겠습니다. 부디 정대한 모습을 보여 주시기 바랍니다. 그리고 홀로 계시는 어머님의 입장을 헤아리지 못하시면 진정 부끄러운 일이지요. 저도 아버님 삼년상을 마치면

뒤따라 한양으로 올라가겠습니다."

이 원수 공은 화들짝 놀라며

"그게 정말이오? 고맙소. 정말 고맙소. 못난 내가 부끄럽소. 다시는 가다가 돌아오는 일은 없을 것이오."

사실 이 공은 자기도 장인어른같이 '한양을 오가면서 살아야 하는가.' 하는 생각에 걱정이 태산 같았지만, 부인의 말을 듣고 너무나 감격하여 눈물을 글썽였다.

사임당의 이러한 설득에 바짝 정신을 다잡은 이 공은 비장한 결심을 하고 집을 나섰다. 이른 봄 살 속으로 스며드는듯한 차고 음산한 바람이 두루마기 자락을 날리고 저고리 옷섶을 헤치며 가슴속까지 파고들어도 부인과의 약속을 지키기 위해 묵묵히 한양을 향해 걸었다. 이것은 전해져오는 일화이지만 사임당과 이 원수 공의 사람됨을 넉넉히 짐작케 하는 이야기이다. 안타까운 점은 이 공이 사임당의 뜻에 따라 학문의 길에 정진했다면 큰 인물로 역사에 길이 남을 만한 인물이 되었을 것이란 점이다.

어찌 됐든 사임당은 남편 이 공을 깨우치고 바른길로 인도하기 위해 평생 동안 마음과 힘을 다하여 애를 썼음은 여러 문헌의 기록에서 잘 알 수 있다.

4
한양으로의 향발

한겨울의 추위가 몰아치던 어느 하루 사임당은 어찌 된 일인지 아침상에 올리는 토장국 냄새가 역겨워 구역이 날 듯 속이 메스꺼웠다. 늘 먹던 시래깃국인데 왜 이럴까? 어머니는 얼른 기미를 알아차린다.

"태기인가 보다. 그렇지 않아도 걱정을 많이 했는데…… 큰 벼슬 했네, 시어머니께서도 기뻐하시겠다. 외아들 장가보내놓고 얼마나 손주를 기다렸겠니"

어머니는 깜짝 반기면서 말씀하셨다. 그러나 사임당은 적이나 당황스러웠다. 내가 아이를 가졌다니 그럼 나도 이제 어머니가 되는 것인가? 아이를 건강하게 낳아서 훌륭하게 키울 수 있을까! 기쁨보다는 걱정스러운 마음이 앞선다. 그러나 사임당은 이내 자신의 상황을 받아들였다. 그리고 집안 부녀자들의 교훈서인 내훈을 보면서 자신이 가장 존경하고 따르는 주나라 문왕의 어머니인

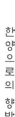

태임의 이야기를 떠올리며 적극적으로 태교에 힘썼다. 회임(懷妊)하면 눈으로는 악한 것을 보지 않으며, 귀로는 음란한 소리를 듣지 않고, 입으로는 상스러운 말을 하지 않는다. 걸을 때는 삐딱하게 걷지 않을 것이며, 앉을 때는 바르게 앉고 누울 때도 옆으로 눕지 않는다. 음식물은 정갈하게 취할 것이며, 헛된 망상이나 욕심은 버리고, 항상 평온한 마음을 유지하도록 노력한다.

한양에서 사임당의 임신 소식을 들은 남편 이 원수 공이 북평 마을에 도착했을 때는 어느 정도 입덧이 가신 뒤였다. 그러나 마음 기쁜 와중에도 수척해진 부인의 얼굴을 보자 너무 안쓰러워 정색하며 묻는다.

"너무나 고생이 많았구려. 몸은 좀 어떠하시오?"

사임당은 수줍은 듯 고개를 떨구며 살며시 웃는다. 사임당은 아이를 잉태하고부터 더욱더 부모님에 대한 효심은 끝이 없다는 것을 실감하게 되었다. 그러나 자기는 이제 한양으로 떠나야 한다. 육개월만 머물다 간다는 것이 아버님 복을 입어 늦어졌으니 서둘러 신행길에 오르지 않으면 안 된다. 세 살 터울 되는 바로 밑의 동생이 있지만은 어머니는 벌써 동생의 혼인을 서두르고 계시지 않은가.

예전 우리나라의 결혼 풍습은 매우 조혼이었다. 여자는 12~13

세부터, 남자는 14~15세부터 혼례를 치르는 것이 보편적인 관례였다. 연유는 고려 때부터 각종 변란이나 외적의 침공으로 많은 처녀가 화를 입었고 더구나 조선 연산조 때에는 채홍사라는 관리를 팔도에 파견하여 처녀들을 마구 뽑아드리는 악정을 서슴지 않았다. 그런 폐악스러움을 모면하기 위해 딸 가진 부모들은 혼인을 서둘렀던 것이다. 그렇다면 동생들도 곧 시집을 가야 한다. 그럼 홀로 계시는 어머님은 누가 챙겨드릴 것인지. 사임당은 저며오는 마음에 눈시울을 적신다.

❖ 산행길에 오르다

사임당은 이 원수 공과 혼인한 지 삼 년이 지난 중종 19년(서기 1524년)에 머나먼 한양을 향해 길을 떠났다. 한양에 계신 시어머님 홍 씨에게 신혼례를 올리기 위해서였다. 이 공과 혼례를 치른 지 몇 달만에 친정아버님의 상을 당한 사임당은 강릉 북평촌에서 삼년상을 마친 후 비로소 혼행길에 오른 것이다.

사임당의 한양길은 처음인 먼 여행이었다. 더구나 아이를 잉태한 몸으로 먼 사백리 길의 여정에 오른다는 것이 그것도 아흔아홉 굽이의 험준한 대관령 높은 재를 감돌아 올라야 하는 신행길은 사임당을 더욱더 힘들게 했다. 몇 날 며칠이 걸려 멀리 한양 땅에 이르러 닿았는지는 확실치 않지만, 사임당의 혼행길은 임신한 부녀자의 몸으로서 매우 감내하기 어려운 일이었다. 이렇게 고된 여정 끝에 한양에 도착한 사임당은 시모님 홍 씨를 뵙고 예를 올렸다. 다행히도 시어머니 홍 씨는 생각이 환히 열린 분이었다. 무거운 몸으로 어렵사리 큰절을 올리고 나자 가까이 다가와 손을 잡으며 말씀하셨다.

"홀몸도 아닌데 먼 길을 오느라 고생이 많았다. 학문과 식견도 풍부하고 어른들 밑에서 예의범절도 잘 배웠을 테니 나는 너를 믿는다."

"아닙니다. 어머님 여러모로 부족한 점이 많습니다. 잘 가르쳐 주십시요"

"너희 친정보다는 집도 비좁고, 세간살이도 조촐해서 불편하겠지만 이제 우리 식구가 되었으니 잘 적응해 보려무나."

"예. 어머님, 잘 알았습니다."

사임당은 혼수와 챙겨온 짐들을 풀어 시어머님께 드릴 것은 드리고 살림방에 정리할 것은 정리하며 뒤늦게 잠자리에 들었다. 남편 이 공은 어머니와 둘이서 기거하던 집안에 부인이 함께 있어 행복에 젖은 모습이었지만 사임당의 마음은 그다지 편치 않았다. 고향의 어머니는 지금 무얼 하고 계실까? 어린 동생들은 잘 지내고 있는지. 사임당은 뱃속 아기의 태동도 잠시 잊고 딸 신행길을 걱정하고 계실 어머니와 동생들 생각에 몸과 마음이 모두 피곤한 중에도 쉽사리 잠을 이루지 못했다.

이후 얼마 동안 한양에 머무른 사임당은 시댁 이씨의 생활의 근거지인 파주 밤나무골을 자주 왕래했다. 그곳은 남편 이 원수 공의 조상 대대의 어른들이 살아온 곳으로서 이 공은 그곳에 다소의 전답도 있었다. 훗날 사임당이 세상을 떠났을 때, 이곳 밤나무골과 가까운 자운산에 유택을 마련한 것도 그러한 연유에서이다.

❖ 놋쟁반속의 포도 그림

며칠 후 시어머니 홍 씨는 갖가지의 음식과 손수 담근 술을 차려 놓고 마을의 지인들을 초대하여 며느리 사임당의 입거를 자축하는 자리를 만들었다. 이 원수 공은 사랑채에서 친구들과 담소를 주고받으며 술잔을 나누었다. 그러다 술기운이 거나하게 돌자. 아내의 자랑이 절로 나왔다.

"내 아내는 붓글씨며 그림 솜씨가 뛰어나다네, 화초나 초충은 마치 살아 움직이는 것과 같아. 정말 기가 막힌다네."

옛말에 자식 자랑하는 사람은 반 불출이고, 배우자 자랑하는

사람은 원 불출이라 했거늘

이 공은 전혀 개의치 않았다.

"그렇게 대단하시구먼, 그러면 그림 구경 좀 할 수 없겠나?"

이 공은 친구들의 요청을 짐짓 못 이기는 체, 심부름하는 하인을 불러 사임당에게 곧장 그림을 그려 보내라고 일러서 시켰다. 그러나 그것은 무리한 요구였다. 잔치마당에 그것도 준비도 안 된 상태에서 그림을 그려 보내라니 사임당은 적이나 당황스러웠다. 그런 깊은 사정을 모르는 이 공은 오로지 친구들에게 자랑하고 싶은 한 가지 생각으로 독촉이 성화같았다. 사임당으로선 참으로 난감한 일이 아닐 수 없었다. 그렇다고 무조건 거절한다면 남편 이 공의 면목이 서지 않은 일이기도 했다.

사임당은 자신의 그림을 기다리고 있을 남편 생각이 났다. 먹과 붓을 준비하고 무엇을 그릴까 골똘히 생가하고 있다가 불현듯 떠오르는 정경이 있었다. 그녀는 종이를 찾았지만 마뜩치 않아서, 순간적인 기지로 문득 눈앞에 띈 제법 크고 동그란 놋 쟁반 위에 바쁘게 붓을 움직이기 시작했다. 처음에는 선을 죽죽 그어대는 것이 야릇했지만 붓이 가는 족족 포도 넝쿨로 살아났다. 둥실둥실 따 먹어도 좋을 만큼 탐스러운 포도 열매가 익어가고 있었다.

하인이 들고 온 놋 쟁반 위에 그려진 포도송이를 보고 모두 깜짝 놀랐다.

"과연 자네 부인은 듣던바 대로구먼. 아주 훌륭하시네."

이 일화로도 사임당과 남편 이 공이 사회에 적응하는 자기 처신의 차이점을 발견할 수 있다. 학식과 성격 차이에서 비롯된 이 공과의 생활은 사임당을 때때로 곤란한 지경에 이르게 했을 것으로 여겨진다. 그러나 사임당은 그러한 남편을 성심을 다해 공경하고 받들었다. 어진 아내로서 세상을 떠나는 날까지 사임당은 부덕의 도리를 굳게 지키며 실천해 나아갔다. 그것은 오늘날까지 우리가 사임당을 부덕의 표상으로 높이 우러러보는 연유일 것이다. 한편으로 이 원수 공도 일찍이 홀어머니 밑에서 자라 교육적인 면은 소홀했어도, 심성은 옹졸한 인간이 아니었던 것 같다. 어린 시절부터 고생하며 살았지만, 얼굴에 그늘이 없고 거짓이나 꾸밈이 없으며 언행도 수수하고 자신보다 배움이 많은 부인 사임당을 존중하고 따랐다. 그래서 사임당의 부덕이 더욱 더 빛을 발했을지도 모를 일이다.

❖ 맏아들 선의 출생

율곡 선생이 남긴 어머님에 대한 기록에 의하면 한양으로 올라온 그 해인 중종 19년(서기 1524년) 9월 한성(漢城:당시의 서울)

에서 아버지의 나이 24세. 어머니 사임당의 나이 21세에 맏아들 선을 낳았다고 한다.

맏아들의 이름은 선(璿)이며, 자는 백헌(伯獻)이고 호는 죽곡(竹 谷)으로 곧 율곡 선생의 맏형이다. 어려서부터 학문을 익혀 여러 차례 과거에 응했으나 뜻을 이루지 못했다가 41세 되던 해의 가 을에 처음으로 진사(進士)시험에 급제하였다. 이때는 율곡 선생이 29세로서 이미 21세에 한성시에 장원급제하고, 23세 때에는 별 시에 장원급제했고, 29세 때엔 7~8월에 거듭하여 시행된 명경과 시에도 반드시 장원급제하여 호조 좌랑에 등용되어 있던 시기였 다. 이렇게 아우보다 훨씬 뒤처진 선 공은 진사 급제한 지 6년 후 인 47세 되던 해(선조 3년, 서기 1570년)에 종 9품 벼슬인 서울의 남부참봉(南部參奉)이 되었는데 그나마도 벼슬에 오른 지 몇 달이 채 못 되어 그해 8월 병을 얻어 세상을 떠나버린 실로 불행한 분 이다. 더구나 선공이 결혼한 것도 당시로선 상상할 수도 없는 아 주 늦게 32세 때에 가서야 13세 아래인 충청도 회덕 출신 선산 곽(善山 郭) 씨로서 훈련원 습독(習讀 : 종9품 벼슬)을 지낸 곽 연성 공의 따님과 언약을 맺었다. 선공은 곽 씨 부인과 15년간 생 활을 했으며 슬하에 2남 2녀를 두었다.

선공이 그처럼 늦게 결혼한 까닭은 평소에 무슨 질병이 있지는 않았는지 추정하기도 한다. 율곡 선생은 형이 세상을 떠난 후 어린 네 자녀를 데리고 친정인 회덕으로 내려가 고생하는 형수를 늘 걱정했다. 42세 때 낙향을 결심한 율곡 선생은 황해도 해주 석담에 자리를 잡은 후 그곳에 사당을 짓고 형수와 조카들을 불러 함께 지내면서 형님의 제사를 올렸다. 선생의 나이 45세 때. 임금이 그를 대사간에 임명하자 형수와 조카들도 다시 한양으로 올라오게 하여 함께 지냈다. 그러나 형수 곽 씨 부인도 오래 살지 못하고 한양으로 올라온 그 이듬해인 선조 15년(서기 1582년) 8월에 지병으로 세상을 떠나니 나이 46세이었다. 선 공과 곽 씨 부인의 묘는 어머니 사임당이 모셔진 파주 자운산 자락에 있다.

이렇게 형수를 잃어버린 율곡 선생은 슬픔을 금할 길이 없었다. 맏형의 불우한 뒤를 이어 홀로 어린 네 자녀를 데리고 의탁할 곳이 없었던 형수를 가엾이 여겨 정성껏 돌보아 왔는데, 그 형수마저 세상을 떠나니 인생사의 무상함을 뼈저리게 느꼈다. 선생은 애처롭게 세상을 살다가 떠난 박복한 형수 곽 씨 부인의 죽음을 슬퍼하여 그의 영전에 친히 제문을 지어 눈물로 읽었으며, 그의 자손들을 친자식처럼 돌보았다.

❖ 맏딸 매창의 출생

사임당은 남편 이 원수 공과의 사이에서 4남 3녀를 낳았다. 첫째는 앞서 논한 장남 선의 출생이고, 둘째는 장녀 매창의 출생이며, 셋째는 차남 번의 출생이고, 넷째는 차녀(성명 미상)의 출생이며, 다섯째는 삼남 율곡 선생의 출생이고, 여섯째는 삼녀(성명 미상)의 출생이며, 일곱째는 사남 우의 출생이다. 매창 여사는 사임당의 자녀 7남매 가운데 맏딸로서 중종 24년(서기 1529년)에 출생하니 아버지 이 공은 29세, 어머니 사임당은 26세가 되던 해이며 오빠 선보다는 5살 아래이고, 율곡 선생보다는 7살 위이다. 그리고 출생지는 한양 또는 강릉의 어느 곳인지 분명치 않다. 그러나 조정에서 사임당의 친정어머니 이씨 부인을 기리기 위해 열녀 정각을 강릉에 세운 것이 사임당의 25세 때이므로 그 역시 반드시 참석했으리라 여겨진다. 그런 연유로 한양과 강릉 간의 거리와 내왕의 불편함을 생각할 때 당시 회임 중인 사임당은 친정어머니의 열녀 정각 건립식에 참석한 후 계속 북평 마을 친정에 머물러 있다가. 그 이듬해에 맏딸 매창 여사를 출산한 것으로 사료된다.

매창 여사는 어머니 사임당의 재능과 지혜로움을 가장 많이 이어받았다. 심오한 학문과 뛰어난 예지 그리고 글·그림·시를 짓는 예술적 감각과 조선 시대의 여인이 갖추어야 할 자수·바느질 솜씨까지 사임당을 그대로 이어받았기 때문에 그 어머니에 그 따님이라고 일컬을 만한 자녀가 매창(梅窓) 여사이다. 그러므로 후대 사람들은 매창 여사를 작은 사임당이라고 하는 사람도 있다. 다만 어머니 사임당은 율곡 선생 같은 걸출한 인물을 낳았기 때문에 그 이름이 더욱 빛났고 매창은 그러한 자식을 두지 못했기 때문에 동일한 견해와 학문과 재능으로도 어머님 사임당만큼 돋보일 수가 없었던 것이 서로 다를 뿐이다.

전해져 오는 여러 문헌에 의하면 매창은 부녀자 중의 군자였다. 일찍이 어머님의 교훈을 받들어 여인으로서의 규범을 좇았고 그 재능과 학식이 보통 사람보다 지나쳐 깊은 지혜와 원려를 지녔던 분이라. 세상이 전하기를 율곡 선생이 무슨 일에 막힘이 있으면 늘 매창 큰 누님에게 자문을 구했다는 기록이 눈길을 끈다. 이러한 모든 점을 참고하여 생각하면 사임당은 딸 매창 여사의 영특함을 익히 알고 학문과 글·그림 등을 지도하여 현모양처의 이치를 깨치는데 애를 쓴 것으로 여겨진다. 따라서 율곡 선생보다 일곱살이 많은 매창 큰 누님은 동생 율곡의 교육에도 영향을 끼쳐 많은 가르침을 주었을 것으로 믿어진다. 율곡 선생은 이처럼 경전과 사기에 통달한 누님의 학식과 견문을 크게 인정하였으며 나라의 중책을 맡은 후에도 조정의 대소사를 매창 누님에게 자문하며 의견을 주고받았다고 전해진다. 매창 여사는 율곡 선생이 병조판서에 재직 중일 때 북방의 이탕개(伊湯介) 일족이 쳐들어와서 난리를 일으킬 것이니 미리 대비할 것을 조언했다고 한다. 역시나 선조 16년(서기 1583년)에 이탕개가 무리를 이끌고 침노했다.

이런 난국에 군량이 부족하여 걱정함을 보고 매창 여사는 율곡 선생에 이르기를 '지금 시급히 해야 할 일은 모든 백성이 일치단결해야 만이 어려운 판국을 타개할 수 있을 것이다. 그러나 작금의 현실은 조정에서 서얼을 차별하여 등용해 주지 않고 그들의 길을 막아 버린 지 어언 백 년이 넘는 동안에 모두 마음에 울분을 쌓아 두고 있다. 그러하니 이 기회에 그들에게 곡물을 바치게 하고 대신 벼슬길을 터준다면 사리에도 옳고 군량도 변통이 될 것이며, 또한 나라에서는 인재를 구해 좋고 서얼들은 세상을 떳떳하게 살게 되니 이 모두가 좋은 일이 아니겠는가?' 하였다. 이러한 누님의 높은 식견에 탄복하여 임금에게 그 뜻을 주창했으나 반대 당파의 농락으로 실행하지 못했다.

이렇게 전해지는 이야기 속에서도 매창 여사의 높은 안목을 실감할 수 있으며 그 시대에 장부로 낳았다면 율곡 선생 못지않은 훌륭한 인물로서 큰 족적을 남겼으리라 생각된다. 매창 여사의 부군은 조 대남으로 본관은 한양(漢陽)이고 고려 시대 판중추원사 조 잠의 9대손이며, 조부는 성균관 진사 조광진이고, 아버지는 사옹원 참봉을 지낸 조건이다. 여사가 몇 살 때 부군 조 씨를 만났는지는 분명하지 않지만, 나이는 부군보다 한 살 아래였고 슬하에 3남 3녀를 두었다.

중종 25년(서기 1530년) 태어난 조 대남은 가사에 자못 초연하여 모든 일에 녹녹하였으며, 술과 벗을 좋아하였기 때문에 처자식이 가난 속에서 고통을 당해도 그저 담담한 태도를 취할 따름이었다. 그러나 그런 매창 여사의 남편 조공은 뒤늦게 뜻을 굽혀 뉘우치고 자신을 다그쳐 말년에는 사축서의 별검(別檢)이 되고, 다시 황해도 해주 동쪽에 있는 창단역의 찰방(察訪)을 거쳐 종부시의 직장(直長)에 전임되었다가, 선조 19년(서기 1586년) 3월 23일 향년 57세로 세상을 떠나 장모님 사임당이 안장된 파주 자운산 기슭에 묻히었다.

매창 여사와 가족과의 이별사는 23세 때에 친정 어머님 사임당을 여의었으며, 33세 때는 친정 아버님 이 원수 공을 여의었고, 42세 땐 친정 큰 오빠 선이 타개했으며, 56세 때에는 그처럼 아끼던 동생 율곡 선생이 타개했고, 바로 2년 뒤 58세 때 부군마저 세상을 등졌다. 매창 여사가 64세 되는 해 선조 25년 (서기 1592년) 임진왜란을 만났다.

여사는 세 아들 조인·조영·조준과 함께 원주 영원성으로 피난했으나 8월 25일에 성이 왜적에게 무너지므로, 큰아들 인은 급히

93

어머니 매창을 등에 업고 피신했으나, 종래는 왜적과 맞부딪쳐 어머님을 감싸며 항거하다가 어머님과 함께 왜적들의 칼날에 희생당하고 말았다. 이때 매창 여사의 나이 64세, 맏아들 조인의 나이는 28세였다.

그때 당시 21세인 둘째 아들 조영은 그 자리에 없었고, 20세인 막내 조준은 어머님과 형의 앞을 가로막고 왜적과 싸우다가 자기마저 적의 칼에 맞아 정신을 잃었으나 다행히도 후에 회생함을 얻었다.

임진왜란은 참으로 유사 이래 민족의 대 수난이었으며 그 당시 민초들이 겪은 온갖 고초는 말로 이루다 표현할 수 없는 대참사였다. 율곡 선생의 부인 노 씨 또한 왜란이 일어나자 신주(神主)를 모시고 파주로 피했으나 그해 5월 12일 그곳에 있는 부군 율곡 선생의 무덤 앞에서 적을 호령하며 순절하였다. 율곡 자신은 일찍이 왜란이 있을 것을 예감하고 10만 양병설을 제창한 지 이미 8년 전에 세상을 떠났지마는 그의 부인 노 씨·누이 매창 그리고 그의 아들들이 왜적의 칼날 앞에 참혹한 희생을 당했던 것이니 이처럼 율곡 선생의 골육지친이 당한 대참사야말로 역사의 비극이라고 논하지 않을 수 없다.

훗날 왜적에게 전 국토와 백성들이 분탕질을 당하자 임금인 선조는 가슴을 후벼치면서 "과연 이이는 철인이었다. 그의 예상이

맞았도다"라며 통탄했다고 한다. 이것은 오늘날 국제 정세의 틈바구니에서 살아가는 우리들에게도 시사하는 바가 크다고 하겠다.

이렇게 순절한 매창 여사의 묘소는 원주 석경 촌에 마련했다가 11년 후인 계묘년(서기 1603년) 봄에 둘째 아들 영이 경기도 파주 자운산에 모신 부친 조공의 묘터 북쪽 근처로 이장했으며 후대에 다시 부군 조 대남 공과 합장했다고 한다.

❖ 둘째 아들 이번(李璠)의 출생

사임당이 21세 때 맏아들 이선을 낳고 5년 후에 맏딸 매창을 낳으며, 그다음에 둘째아들을 낳으니 그가 바로 이번이다. 그는 선조 6년(서기 1573년)에 병환으로 고통받는 동생 율곡에게 "조정에서 물러나기를 권한다"라는 글 한 편을 써 보냈는데, 그것만 보더라도 그의 높은 학식과 인격의 고매함을 유추할 수 있다. 이때 율곡 선생의 나이 38세가 되던 해의 일이었다. 다만 그가 태어나고 세상을 떠난 연대의 기록은 찾을 길이 없고, 묘는 충북 괴산군 사리면 화산리 오룡동 상서당곡(上書堂谷)에 자리하고 있다.

❖ 둘째 딸의 출생

사임당의 둘째 따님은 둘째 아들 이번의 다음이며 셋째 아들 율곡 선생의 위인 것만은 확실하나 출생 시·사망일시·이름 등의 연대는 분명치 않다. 그저 부군은 윤섭(尹涉)으로서 보관은 파평(坡平)이고, 고려 태사공 신달(莘達)의 20세 손인데 첨사(僉使)를 지냈고 황주(黃州)에서 살았다. 율곡 선생이 황해도 감사(監司)를 지낼 때 가끔 누이 집을 방문했다는 기록이 있다.

부군 윤섭 공의 묘소는 어떠한 연유인지 파주 자운산에 있으나, 부인의 묘는 황해도 삼전면 외송리에 있다. 그리고 그의 자손들은 황해도 황주와 충청남도 아산시 음봉면 신휴리에 많이 거주하고 있다.

세째 아들 율곡 이이의 출생

율곡 선생은 중종 31년 병신(丙申: 서기 1536년) 12월 26일 인(寅:오전 3~5시)시에 강릉 북평촌(현재 강릉시 죽헌동 201번지) 외가에서 탄생하니 이때에 아버지 이원수 공은 36세요. 어머님 사임당은 33세였다.

❖ 사임당의 셋째 아들 이이 회임

을미년이 가고 병신년 새해가 밝았다. 삼천리 방방곡곡에서는 새해를 맞이하여 풍년을 기원하고 태평성대를 염원하는 백성들의 마음이 간절했다. 이때 사임당은 이미 사 남매를 둔 어머니였다. 큰아들 이 선은 올해 설날을 새서 11살이고, 큰딸 매창은 8살이었다. 사임당은 어린 네 자식을 먹이고 꿰매 입히고 돌보는 일에

하루하루의 보람을 느꼈다. 그뿐만 아니라 큰아들 선과 매창에게
는 공부도 일러줘야 했다.

인간으로 이 땅에 태어나서 세상사의 이치와 흥망성쇠 그리고
성현 군자들의 가르침을 모르고 살아간다면 어찌 금수와 다를 바
가 있겠는가. 또한 부모 된 도리로서 자식을 낳아 놓고 가르치기
를 게을리한다면 어떻게 부모로서의 행실을 다했다고 할 수 있겠
는가. 일찍이 남편 이 원수 공에게도 글공부를 권한 사임당이다.
그런 까닭에 자녀들에게 글을 깨치게 하는 것은 무엇보다도 큰일
이었다. 사임당이 자식들에게 학문을 닦아서 익히라 한 것은 작
금의 시대처럼 남보다 앞서 높은 자리에 앉아 부귀영화를 누리게
하려는 이타주의는 결코 아니었다. 다만 사람의 자식 된 자로서
마땅히 깨우쳐야 할 인·의·예·지의 길이었으며, 오로지 성현들의
말씀에 따라 솔선수범하는 인간의 도리이었던 것이다.

사임당은 북평 마을에서 깊은 겨울을 보내고 평온하게 새봄 맞
을 채비를 하고 있었다. 추위가 물러가고 온 누리에 푸르른 빛의
향연이 펼쳐지며 산골짜기 간에 제멋대로 피어날 꽃의 소식이 기
다려졌다. 이것이 어찌 사임당만의 꿈이겠는가 온 백성이 새 생명
의 기운이 약동하는 봄을 기대하는 마음은 한결같았다.

3월 하순경의 어느 날이었다.

새벽녘에 잠에서 깬 사임당은 밤에 꾼 너무나도 기이한 꿈을

회상하며 깊은 상념에 잠겼다. 한없이 맑고 푸른 끝이 없는 바다. 그곳은 분명히 어릴 적 자주 뛰어놀던 경포대 너머 동해 바닷가였다. 바다는 수정처럼 맑고 포근했다. 사임당은 희희낙락하며 그 눈부신 바닷가를 거닐고 있었다. 그때 바다 저쪽에서 물살이 일더니 무엇인가 날아오르듯이 훌쩍 솟아오르고 있었다. 눈이 부시도록 아리따운 여인의 모습이었다. 쪽지어 올린 머리, 치렁치렁 늘어뜨린 하얀 치마, 하늘빛 끝 동 달린 흰 저고리, 백옥같은 새하얀 얼굴빛, 예스럽고 고운 자태, 분명히 선녀였다. 정녕 바다에서 선녀가 나타난 것이다.

사임당은 멍하니 선녀를 바라보았다. 그러자 선녀는 흡사 훨훨 날듯이 사임당에게로 다가왔다. 그런데 그 선녀는 무언가를 안고 있었다. 자세히 보니 옥같이 희고 티 없이 맑은 살결의 아기가 강보에 싸인 채 안겨져 있었다.

사임당에게로 다가온 선녀는 낯익은 사람처럼 다정하게 미소를 지으면서 포대기에 싸인 아기를 넘겨주었다. 아이는 굳고 실하게 생긴 사내아이였다. 사임당은 스스럼없이 아이를 받아 품 안에 조심스럽게 안았다.

선녀는 어느새 깊은 바닷속으로 자취도 없이 사라졌다.

사임당은 무엇이라고 표현할 수 없이 묘하고 이상한 꿈을 돌이켜 생각해 보았다.

참으로 이상야릇한 꿈이었다. 그리고 의식 속에 떠오르는 기억은 눈앞에 보이듯이 명백하고 생생했다. 동해바다 조금전 서 있던 그곳이 머릿속에 떠오른다. 사임당이 무척이나 사랑하던 바다이다. 그 바다 한가운데에선 매일 아침 해가 솟아오른다. 어릴 적 사임당은 늘 그 정경을 신기하게 생각했다. 그래서 사임당은 불그스름한 둥근 해가 서서히 떠오르는 아침의 해맞이를 잦게 다니었다. 푸른 물결이 황금색으로 바뀌면서 아침 해가 바다 위로 불끈 솟아오르면 천진스러운 사임당은 그런 자연의 신비에 도취하여 황홀 속으로 빠져들었다. 그러나 오늘 새벽에 꾼 꿈은 회상할수록 너무도 분명하고 뚜렷했다. 저 푸른 동해 그 아리따운 선녀 그리고 품에 안긴 아기 생각 끝에 사임당은 태몽이라고 스스로 판단했다. 그러나 태몽으로는 너무도 신비스럽고 여지껏 겪어보지 못했던 꿈이었다.

❖ 유혹을 물리치다

과연 사임당은 오래지 않아서 태기를 느꼈다.

사임당은 저녁상을 물린 후 남편 이 원수 공에게 말했다.

"서방님 실은 얼마 전에 기이한 꿈을 꾸었습니다."

"예에 꿈이라니요?"

"꿈속에서 선녀가 나타나 제게 옥동자를 안겨주었습니다. 아무래도 수태가 된 듯합니다."

"그래요 알았소, 꿈에 선녀가 나타났다면 분명히 출중한 아이가 태어날 것 같소, 고생 많았구려."

"고맙습니다. 제 말을 믿고 들어주셔서."

둘 사이에 잠시 침묵이 흘렀다. 한동안 잠잠히 있던 이 공은 근래에 있었던 일이 불현듯 떠올라 말문을 열었다.

"실은 나도 근래에 이상한 일을 겪었다오."

한 달여쯤 전의 일이었다. 당시 한양에 머물던 이 원수 공은 봉평 판관 대리에 거주하고 있는 부인 사임당과 아이들을 만나러 길을 재촉하고 있었다. 사랑하는 아내와 올망졸망한 어린 자식들이 지키고 있는 집을 향하여 부지런히 걸었다. 집이 가까워질수록 보고 싶은 아내의 모습과 귀여운 아이들의 모습이 눈앞에 아른거렸다. 산길은 점점 험난해졌지만 조급한 마음을 겨우 가다듬은 이 공은 더욱 발걸음을 죄어쳤다. 그러나 어둑해진 험한 산 길은 마음과 같이 서둘러 걸을 수가 없었다. 날이 저물기 시작하자 2월의 궁박한 산속의 추위는 옷 속까지 스며들었다.

처자식이 머물러 살고 있는 그 집을 이십여 리 정도 남긴 채 해

가 지고 어둠이 깔리기 시작했다. 추위와 어둠도 난감한 일이지만 가장 무서운 것은 호환(虎患:사람이나 가축이 호랑이에게 당하는 화)이었다. 이 시대에는 밤에 산길을 걷다가 호랑이에 잡아먹히는 일은 흔히 볼 수 있는 일이었다. 따라서 밤에 산길을 걷는 것은 금물이었다. 결국 이 공은 집을 지척에 두고 쉴 곳을 찾아들 수밖에 없었다. 이 공은 산 아랫마을에 있는 주막에서 머물기로 작정했다. 조금만 더 서둘렀더라면 이미 집에 도착했을 것이라고 아쉬워하며 저녁을 청해 먹고 지친 몸으로 잠자리에 들었다. 얼마쯤 시간이 흘렀을까?

부엉부엉 부엉이 우는 소리에 귀를 기울이며 그 어린 자식들의 모습을 머릿속에 떠올리면서 상념에 잠겨 있었다. 그때였다.

"손님, 주무시는지요? 주안상을 차려왔습니다만……."

문밖에서 여인네의 목소리가 들려왔다. 분명히 주인 여자의 음성이었다. 그의 목소리는 긴장되어 떨리는 음성이었고 무언가 부끄럽게 여기듯 나지막한 말소리였다.

"아. 예 아직 자지 않습니다만……."

이 공은 자신도 모르게 응했다. 자리에서 일어나 옷매무새를 바로 하고 잠근 방 고리를 풀자. 주인 여자가 방문을 열고 주안상을 받들어 방안으로 들어선다.

그런데 방안으로 들어선 여인의 자태가 저녁 무렵의 그 모습과는 달리 머리는 기름을 발라 정갈하게 빗어 올리고 어여쁜 연둣빛 색깔의 치마저고리에 분단장까지 곱게 하고 수줍은 듯 고개를 떨구며 슬며시 주안상을 내려놓은 그 모습이 매우 고혹적이었다.

매우 놀라 눈이 휘둥그레진 이 공은 어찌 된 일인지 몰라서 그녀를 뚫어지게 바라볼 뿐이었다.

그녀는 살포시 미소를 지으며

"술잔을 받으시지요. 제가 한잔 따라 올리겠습니다. 멀리 한양에서 이곳까지 내려오시느라 고생이 많으셨습니다. 이 술은 제가 담근 더덕주이옵니다."

여인네는 술잔 그득하게 더덕주를 따랐다.

애주가인 이 공은 주저함 없이 누르끄름한 더덕주를 한잔 쭉 들이켰다. 뱃속에서부터 세하고 올라오는 뒷맛이 매우 향기롭고 감미로운 술이었다.

"와아 주인장 술맛이 천하일품이구려. 이렇게 좋은 술은 처음 맛보는 것 같소이다."

이 공은 호들갑을 떨면서 침이 마르게 칭찬을 한다.

"본시 홀몸으로 지내는 처지이오나 혹여 귀한 손님이 묵게 되시오면 대접하기 위해서 준비해둔 것입니다."

여주인은 이 공에게 자신이 홀몸인 것을 넌지시 귀띔해 준다. 참으로 알 수 없는 여인이로다. 이 공은 더욱 의혹에 사로잡혔다.

여인은 잇따라 이 공에게 술을 권한다. 이 공은 취해 얼근한 기운이 돌았다. 부엉이 울어대는 그 밤은 더욱 짙어만 갔다. 분명 여인은 이 공에게 사랑을 구하고 있음이 역력했다.

한참 술좌석이 무르익어갈 즈음 이 공은 여인에게 정색하며 말한다.

"이제 밤이 깊어졌습니다. 예로부터 우리나라의 격식은 남녀가 유별하다고 했습니다. 비록 주인장께선 홀로 계시는 몸이지만 저는 처자식이 있는 한 집안의 어엿한 가장입니다. 그러하니 인제 그만 물러가 주시기 바랍니다."

이 공은 이처럼 여인의 유혹을 과단하게 물리쳤다. 그러자 여인은 부끄러움으로 얼굴도 들지 못하고 도망치듯 방을 빠져나간다.

"내가 대화의 주막집에서 하룻밤 묵을 때 이런 일이 있었다오. 모처럼 부인을 만나러 오는데 그럴 수가 없지요."

"아니 그런 일이 있었습니까? 우리 서방님 정말 장하십니다."

사임당은 엉덩짝을 추어 주듯이 이 공을 칭찬한다. 이에 더욱 신이 난 이 공은

"그런데 아침에 그곳을 나오는데 그 여주인이 이런 말을 합디다."

여주인은 진즉부터 사람의 관상을 판단하는 법을 공부했다고 하였다. 그러던 터에 어제저녁 이 공을 대면했을 때 이 공의 얼굴

에서 정기 어린 밝은 빛이 어려 있고 곧 귀한 아들을 두게 될 상서로운 기운이 감도는 것을 발견했다는 것이다. 이를 보고 그 귀한 아기를 자신이 수태할 욕심으로 이것저것 생각할 겨를도 없이 그만 실례를 하게 되었다고 정중히 사과하는 것이었다.

그리고 그녀는 말하기를

"손님 이제 곧 부인께서는 귀한 아드님을 잉태하실 것입니다. 그리고 그 아드님은 반드시 인(寅:인은 십이지 중의 호랑이를 의미한다.) 시에 태어날 것이며, 그러한 까닭으로 일곱 살을 넘기지 못하고 호환을 당할 일이 우려되옵니다."라고 말하는 것이다.

❖ 백 년 묵은 호랑이의 둔갑

주막집 여주인의 말에 깜짝 놀란 이 공은 그가 예사로운 여인이 아니라는 것을 직감하고 호환을 떨쳐 낼 방법을 물었다.

"그 방법은 오직 덕을 쌓는 길뿐입니다. 그러나 7년의 짧은 세월 동안 그 많은 공덕을 쌓는 것은 매우 힘든 일입니다. 그래서 덕을 천 번 쌓는 셈 치고 밤나무 천 그루를 심어 주위의 이웃들과 그 밤을 고루 나누십시오. 그리고 아이가 일곱 살 되는 해에 금강산에서 찾아왔다는 노스님이 와서 아기를 잠깐 보여달라고 할 것입니다. 그러면 절대로 아기를 보여주지 마시고 '저도 덕을 많이 적선한 사람입니다.'라고 말씀하시고 그 대신 밤나무 천 그루를 심은 곳을 보여주시면 화를 면하실 수가 있을 겁니다."

이런 말을 들은 이 공은 너무 놀란 나머지 반드시 그녀가 가르쳐준 대로 하기로 작정하고 강릉에서 백여리 떨어진 지금의 명주군(강릉시) 왕산면 구절리에 있는 노추산에 밤나무 천 그루를 심고 가꾸어 수확한 밤은 동네의 주민들과 나누었다고 전해진다. 아닌게 아니라 여인이 예언한 대로 율곡 선생이 일곱 살 되던 해에 어느 노스님이 찾아와서는 아이를 보여달라고 청했다. 그때 이 공은 여인이 가르쳐 준 대로 말하였다.

"저도 덕행을 닦기 위해서 밤나무 천 그루를 심어 이웃들과 나누고 있습니다. 저하고 같이 가서 보시지요."하며 밤나무 천 그루를 심은 노추산으로 안내했다.

노승은 심어진 밤나무를 일일이 세기 시작했다. 하나·둘·셋…… 구백구십팔·구백구십구… 이런 한 나무가 비는 것이 아닌가. 한 그루의 나무는 말라 죽어 없어진 것이다. 그러자 노승은 화를 벌컥 내며

"한 그루가 부족하니 어찌할 수 없이 아이를 데려가야겠소."하며 노기가 얼굴에 가득했다. 바로 그때 멀찌감치 떨어진 곳에서

"나도 밤나무요!"라는 소리가 들렸다.

그것은 밤나무와 비슷하게 생긴 참나무가 외친 말소리였다.

어린 율곡 선생을 살리기 위해 참나무가 나선 것을 보고 노스님은 깊은 감동을 하여 율곡을 데려갈 생각을 미련 없이 잊고 그만 산으로 돌아가고 말았다. 그리고 이 노승은 사람이 아닌 백년 묵은 호랑이가 사람으로 둔갑하여 나타난 것이다.

주막집 여인과 노승의 이야기는 구전으로 전해 내려오는 설화로서 한국의 전설에 수록된 내용과 대강령은 동일하나 줄거리에서 약간의 차이가 있다. 이 설화 속에 등장하는 노추산은 해발 1332m의 고산으로서 신라 경덕왕 때의 설총이 공부했던 곳이며, 율곡 선생도 한때 이곳에서 학문을 탐구했다고 한다. 그리하여 이 지방 사람들은 노추산 기슭의 구릉지에 이성대(二聖臺)라는 단을 쌓고 누각을 지어 설총과 율곡 선생의 위패를 모셔두고 해마다 제례를 지내고 있다고 전해진다.

❖ 고향 집으로

앞에서 논한 대로 사임당은 혼인 2년 만에 한양으로 혼행길에 나섰으며, 한양에서 맏아들 이 선을 낳았고 26세 때에는 친정 북평촌에서 맏딸 매창을 낳았다. 이런 전후 형편을 살피면 사임당이 한양이나 파주 밤나무골에의 생활은 대략 2~3년 정도로 여겨진다.

둘째 아들 이 번과 둘째 따님은 출생지와 몇 살에 출산했는지 기록이 남아 있지 않아 분명치 않다. 그리고 셋째 아드님인 율곡 선생을 낳은 33세까지의 생활상이나 주거지에 대한 자료나 기록도 전혀 없다. 다만 확실한 것은 어찌하여 사임당과 이 원수 공이 자녀들과 함께 강원도 평창군 봉평면(용평면) 백옥포리. 옛이름 판관 대리에서 거주하게 되었는지는 분명하지 않지만 여러 문헌을 유추해 볼 때 그곳에서 한 시절을 보냈던 것만은 틀림이 없다.

평창군 봉평 고을은 2018년 2월 동계 올림픽이 열린 곳으로서 사임당의 친정인 북평촌에서 약 150리가량 떨어진 산골 마을이다. 마을 뒤에는 웅장한 산세가 병풍처럼 둘러있고 그 앞은 저 멀리 장평에서 흘러내리는 홍정천 물굽이가 산모퉁이를 감아 도는 선계로서 뭇 사람들은 이곳을 산과 물이 휘감고 있다 하여 산택근 또는 수택극으로도 불린다. 또 이곳에서 사임당이 율곡 선생을 수태하고 강릉(정선군) 북평 친정으로 가서 출산했다고 하여 광무 10년(서기 1906년) 3월 15일에 율곡 선생을 모실 사당 봉산재를 건립하고, 평창군에서는 매년 이곳에 군민들이 모여 율곡 선생의 추모제를 지내고 있다.

사임당이 봉평 고을에서 율곡 선생을 잉태한 것은 33세(1536
년) 때이며 북평 친정집에서 해산한 것은 그해 12월 26일이다. 이
처럼 사임당은 율곡 선생을 출산한 33세까지 약 10여 년 동안 북
평·한양·파주·봉평 등을 옮겨 다니며 안정되지 못한 생활을 했
던 것 같다. 이는 남편 이 공이 벼슬길에 나가지도 못하고, 또 안
정된 가업을 이어받지도 못했기 때문으로 생각된다. 그러므로 이
미 부양해야 할 4남매를 둔 사임당은 어렵고 힘든 생활을 참고
견뎌야만 했을 것을 능히 짐작할 수 있다.

날씨가 점점 추워지고 있다. 아이 넷을 데리고 봉평에서 해산하
기에는 무리였다. 사임당은 남편 이 공의 양해하에 가족의 짐을
챙겨 다시 친정으로 내려왔다. 꿈에도 그리던 어머니는 이제 쉰
여덟. 어느덧 머리칼도 쇠어서 반백이 넘어간다. 그런 어머니에게
대 가족을 데리고 신세를 끼치러 왔다. 사임당은 죄송한 마음 그
지없으나 어머니는 귀찮음은 커녕 그저 반가워서 버선발로 맞
아 주신다.

"오느라 고생 많이 했다. 잘 왔다 잘 왔어. 어이구 내 새끼들 어
서 오너라."

친정어머니 이씨 부인은 아이들을 번갈아 끌어안고 기쁨을 참
지 못하신다. 모든 자식에게 똑같은 사랑으로 따스한 손을 내밀

어˙맞이하는 자애로운 어머니의 품이다. 사임당은 어머니가 건재하신 고향으로 돌아와서 무척이나 행복했다.

한국적인 여인의 상은 실로 한 알의 밀알과 같이 자식들을 위해서 자신의 몸을 내 던지는 희생의 상일 것이다. 이러한 여인들의 모습에서 우리는 자못 경건해진다.

논일·밭일 그리고 집안일에 시달리어 깊숙이 패인 어머니의 얼굴 모습에서 한없는 애정과 자애로움을 느낄 수 있고 또 끝없이 거듭되는 용서함과 당신의 몸을 불사르는 인내함이 끊임없이 이어져 우리 민족의 넋을 이어 왔으며 또한 그곳에서 한 민족의 여인상을 찾게 되는 것은 어머님의 사랑을 그리워하는 향수인 듯하다. 그러한 여인상 중에서도 사임당은 재능과 예지를 두루 갖추고 있으며 성현들의 가르침으로 인품 또한 고상하니 그 높고 깊은 덕망을 어찌다 글로써 표현할 수 있으리오. 이제 하늘은 이 어질고 심덕 깊은 여인의 몸을 빌려 우리 민족에게 영원한 스승이 될 수 있는 고결하신 분을 점지하려는 것이다.

사임당은 언어·행동을 삼가면서 태아에게 절로 좋은 감화를 주는 태교에 애를 썼다. 쌍스러운 일을 보고 듣지도 않으려고 노력했으며, 남편 이 공에게도 행동을 삼가고 행여 양심에 꺼리는 일은 절대 하지 말라고 특별히 당부했다.

병신년 한 해도 점점 저물어 간다.

북평 산촌마을은 진즉 여러 차례 눈이 내려 사방천지가 온통 새하얗게 쌓인 눈 뿐이다. 사임당의 어머님인 이씨 부인은 마음이 바빠진다. 딸 사임당의 해산이 임박했기 때문이다. 은근히 걱정은 되면서도 이씨 부인은 즐거웠다. 딸 그리고 손자들과 함께 설을 지내게 된 것이 기쁘기 그지없는 것이다. 딸의 해산 준비, 손자들의 설빔 마련, 정월 초하루에 올릴 제사상 차림, 설맞이 음식 장만 등등 몸도 마음도 바쁘지만, 그동안 홀로 있어 적막했던 집안이 왁자그르르 아이들의 웃고 떠드는 소리에 모처럼 사람이 사는 집 같아서 그저 즐겁기만 하다.

그런 가운데서도 사임당의 어머니 이씨 부인은 남자아이가 태어나기를 원했다. 그는 생전에 아들 갖기에 원이 맺힌 여인이었다. 당시 자신은 무남독녀로 세상에 나와서 친가의 대가 끊겼고, 성장하여 신 씨 문중으로 출가하지만, 딸만 다섯을 낳아 역시 신씨댁의 대를 이어받을 아들을 두지 못했다. 그런 연유로 이씨 부인은 아들 두기가 일생의 바람이었으며 그것이 가슴 속 깊이 사무쳐 있었다. 이씨 부인은 딸 사임당이 아들을 낳을 것을 절실하게 기원했다.

❖ 용꿈을 꾸다.

대한(大寒) 강추위가 몰려오고 있다.

사임당은 곧 태어날 아기를 생각하면서 지난 초봄 봉평에서 꾼 꿈이 가끔 기억이 났다. 바다에서 올라온 선녀한테 넘겨받은 옥같이 예쁜 어린아이, 과연 그 꿈은 무엇을 의미하는 것일까. 사임당은 차분한 목소리로 책을 읽고 글씨를 쓰면서 태중의 아기와 많은 대화를 나눈다. 아가야 좋은 말씀 많이 듣고 부디 건강하고 바르게 자라라. 그리고 후에 큰 사람이 되면 더욱이 하루에 세 번 자신을 돌아봐야 하느니라.

하루 하루 출산날이 가까워지고 있다. 어머니 이씨 부인은 모든 준비를 끝내고 그 때를 기다렸다.

진통이 간헐적으로 시작됐다. 해산이 임박했음을 감지한 어머니 이씨 부인은 먼저 샘에서 맑은 물을 길어다 솥에 부어 놓고, 아기를 싸안을 포대기를 준비하며 지그시 눈을 감는다.

"모쪼록. 아무 탈 없이 순산하게 하소서, 그리고 튼실한 사내아이를 점지해 주시옵소서……."

대한 살 바람에 문풍지가 부우우 떨리고 동백기름 등잔불의 심지가 껌벅 흔들린다. 오죽 동산의 솔밭에서는 후욱 몰아치는 솔바람 소리가 가끔 귓전을 울린다. 몹시 추운 날 이었다. 사임당은 어느샌가 곤하게 잠이 들었다.

사경(四更)쯤 이었다. 스무엿새 새벽이다.

이 시각 사임당은 어렴풋한 꿈속에 있었다. 그것은 역시 푸른 동해였다. 그지없이 맑은 푸른 바다 갈매기 날고 저 멀리 수평선이 보인다. 그때였다. 잔잔한 바다가 갑자기 바람과 함께 흔들려 움직였다. 그리고는 바다의 한 가운데가 깊이 패이면서 바닷물이 세차게 뱅뱅 돌기 시작했다. 다음 순간이었다. 바닷속에서 붉은 모습을 한 물체가 솟구친다. 뿔 달린 짐승의 머리 같은 것이 불쑥 물 위를 비집고 나와 거대한 동체를 좌우로 움직인다. 그 붉은 미확인 물체는 눈부신 광채를 뿜어내며 긴 몸통을 요동치면서 하늘 높이 솟아올라 드디어 모습을 드러낸다.

아. 그것은 거대한 붉은 용이었다.

붉은빛 찬란한 무늬가 알락 거렸다. 사임당은 탄성을 질렀다. 아 성스러운 용(龍)…

눈이 부시도록 오색 빛깔이 영롱한 그 모습이다. 용은 나는 듯이 사임당이 살고 있는 동리를 향해 몸을 뻗쳐 왔다. 사임당은 황홀한 광경에 도취하여 그 힘찬 용을 주의를 기울여 지켜보았다.

용은 어느새 북평 마을 친정집에 와 있었다. 그리고 사임당이 누워 있는 방문 바로 앞에 똬리를 틀듯이 서리 짓고 않는다. 바다에서 솟아오른 용이 내 방 앞에 앉다니 사임당은 너무도 신기하게 여기면서 용을 두루 살펴보았다. 힘찬 그 모습 뻣뻣하게 돋아난 비늘, 뿔, 귀, 수염이 위의 당당한 용의 얼굴, 사임당은 눈이 부시도록 현란스러웠지만 아무 꺼려함이 없이 용을 주시했다. 그리고 사임당은 복부의 진통을 느끼면서 눈을 떴다. 어머니! 어머니!

고통의 절정을 참고 견디는 그녀의 신음이 적막한 새벽의 문을 두드린다. 사임당은 신비스러운 용꿈을 다시 한번 되새길 사이도 없이 이를 악물고 고통을 참으면서 아기를 순산했다. 시간은 인시(새벽 3~5시 사이)였다. 우렁찬 고고의 탄성이 새벽의 하늘에 울려 퍼졌다. 아기는 친정 어머님의 바람대로 옥동자였다.

"고생했다. 아기도 무탈하구나, 천지신명님 감사합니다. 사임당은 어머니의 목소리를 들으며 살며시 눈을 감는다. 감은 두 눈 사이로 눈물이 흘렀다.

이 아기의 탄생은 우리 민족의 큰 경사였다. 미래에 몽매한 백성들을 가르치고 깨우쳐 주실 대학자 율곡 선생의 탄생이었다. 아기는 곧 잠이 들었다. 분명 비단 금침에 수를 놓은 듯 아름다운 이 강산에 태어났음을 새겨 보고 계실 것이리라.

이씨 부인은 대문간에 탯줄을 걸었다. 기쁜 마음으로 새끼줄에 숯과 함께 빨간 고추를 매달면서 마음이 하늘을 찌를 듯이 의기양양해 했다.

사임당은 탄생의 아픔을 이겨내고 번듯하게 세상에 나온 아들을 대견스럽게 살펴보았다. 그녀는 아기의 모습을 보고 내심 놀랐다. 꿈속에서 선녀가 안겨준 그 아기의 모습과 너무 닮았기 때문이다. 사임당은 이때 처음으로 친정어머니께 선녀의 꿈과 아기 낳기 직전에 꾼 용꿈에 관하여 이야기했다. 사임당의 꿈 이야기를 들은 어머니 이씨 부인은 깜짝 놀랐다. 그것은 일상의 태몽이나 꿈이 아니었기 때문이다.

"아. 그랬었구나! 이 아이는 장차 성장해서 큰 인물이 될 것이다. 반드시 소중하게 보살피고 가르쳐 키워야 할 것이다." 친정어머니는 딸 사임당에게 몇 번이고 되풀이하며 단단히 일렀다. 그리하여 율곡이 태어난 방을 몽룡실(夢龍失)이라 불렀으며, 어릴 적 율곡 선생의 아명을 현용(見龍)이라고 지은 것도 이런 연유에 의한 것이다.

천지신명께서 두 번씩이나 꿈으로 계시를 주신 아들인 만큼 아니 그 기대 이상으로 아이는 특출함을 보이면서 잘 자라 주었다.

❖ 셋째 딸의 출생

사임당의 셋째 따님은 셋째 아들 율곡 선생의 아래이고 넷째

아들 이우의 위인 것만은 확실하나 역시 연대는 분명하지 않고 다만 부군은 고려 태사공 은열의 19대손이며 성은 남양(南陽) 홍(洪)씨 이고 이름은 천우(天祐)이다. 그의 무덤은 황해도 해주 구곡에 있으며 아들 홍석윤(洪錫胤)은 진사(進士)로서 이름이 들렸다.

그리고 사임당이 돌아간 지 15년, 이 원수 공이 돌아간 지 5년째 되는 명종 21년(1566년) 5월 20일에 후손들이 모두 모여 재산을 분재하는 회합이 있었는데, 그 분재기(分財記:재산을 가족이나 친척에게 나누어 주는 것을 기록한 문서)에 서명한 기록을 보면 모든 자손과 사위들의 서명까지 있었으나 오로지 셋째 딸의 남편만이 서명이 없고, 자신이 직접 이(李) 씨라고 서명한 것을 미루어 보면 그때 이미 남편 홍천우는 돌아가고 홀로 된 것으로 추측할 수 있다.

❖ 넷째 아들 이우(李瑀)의 출생

사임당의 넷째 아들이며, 율곡 선생의 아우인 우는 처음 이름은 위(瑋)인데, 후에 우(瑀)로 개명을 했고 혹은 우(珝)로도 섰다. 자는 계헌(季獻)이며 아호는 옥산(玉山) 또는 죽와(竹窩)·기와(寄窩)라고 불렀다. 사임당이 39세 때인 중종 37년(1542년) 7월 9일에 한양 수진방에서 낳았으니 율곡 선생보다는 6년 아래이다.

이 우공은 26세에 생원(生員) 시험에 올라 경기전 참봉을 제수받았으나 먼 곳이라 취임하지 아니하고, 그 뒤에 빙고 별좌, 사복시 주부, 비안 현감, 사헌부 감찰, 상의원 판관을 지냈으며 괴산·고부 두 고을의 군수를 역임하고 벼슬은 군자감정(軍資監正)으로 그쳤으나 학문과 예술로 이름이 높았고, 후일에는 덕망으로도 모든 사람의 칭송이 자자했다. 비안 고을 현감으로 부임했을 때에는 그곳 관아의 아전들과 백성들이 어떻게나 그를 존경하고 흠모했던지 임기가 만료되고도 그들의 성원에 힘입어 7년 동안이나 더 종사했다는 일화가 있다. 그리고 괴산 군수 시절에는 마침 임진왜란을 만나 분연히 장정들을 모집하여 왜적과 결사 항전 하였으되 그 공은 모두 장병들에게 돌렸고, 또 왜적의 동정을 살피고 정세를 파악해서 백성들에게 농사를 장려하여 온 고을민들의 기근을 면하게 했다. 앞서 22세 때에 아버지 이 원수 공이 세상을 떠난 뒤에는 그 옆에 움막을 짓고 거하며 3년간 효성을 다했고, 서모(庶母)가 악독스러웠지만 형 율곡과 함께 모든 일에 평온하고 화목할 수 있도록 정성을 다했으며, 또한 형 율곡이 별세한 뒤에는 형의 유족을 성심을 다해 돌보았다는 기록을 보면 그의 심성이 얼마나 온후했는가를 가히 헤아릴 수 있다.

율곡 선생이 해주 석담에 집을 짓고 머물 때에는 기회만 있으면

동생 이 우공과 함께 술상을 차려 놓고 아우에게 거문고를 타게도 하고 시도 지으면서 같이 즐기고 스스로 이르되 동생인 이 우공을 친구라고 불렀다 한다. 이처럼 율곡 선생과 동생 이 우공의 우애는 깊었다.

그러나 이와 같은 모든 것은 이 우공의 생애에 있었던 일화에 불과하고 실상 그의 정서는 "거문고·필재·시상·그림" 등에 대한 천부적인 재능을 타고난 예술가였다. 참으로 이 우공의 거문고 타는 솜씨는 절세의 경지이다. 그 맑고 아담하면서도 웅장한 음률은 듣는 이로 하여금 무아도취 하도록 하였다.

외재 이단하(李端夏)가 쓴 옥산전(玉山傳)에 의하면 "상고하건대 거문고 보표(譜表:음표·쉼표 등을 표시하기 위해 다섯 줄의 평행선을 가로 그은 표)에 올려져 옛 곡조라고 타는 것들은 모두 이 우공이 선정한 것이다."라고 기록이 되어 있어 옥산 이 우공이 거문고의 대가이었음을 알 수 있다.

글씨에 대해서도 이 우공의 장인이며 스승이고, 우리의 역사상에서 이른바 초성(草聖:초서의 성인)으로 일컫는 고산 황기로 선생이 사위인 이 우공의 초서 쓰는 법에 대해서 평하기를 "곱게 쓰기는 나보다 못하지만, 웅장함은 나보다 낫다." 라고 칭찬한 것으로 보아 과연 그의 필재가 얼마나 웅건했는가를 짐작할 수 있다.

숙종 때의 대학자 우암 송시열 선생도 옥산시고(玉山詩稿)에 이르기를 "옥산 이우(李瑀)의 글씨는 웅건 정묘하고 마치 용과 뱀이 날아 올라가는 것 같다." 하며 그 글씨를 얻는 자는 아무리 값진 보석보다도 더 귀한 것을 얻는 것이다. 라고 높이 평가했다. 뿐만 아니라 이 공의 글씨 쓰는 솜씨가 얼마나 정교했는지 깨알에다가 거북 귀(龜:16획) 자를 능히 썼으며, 팥알을 쪼개 그 한 면에 오언절귀(五言絶句) 20자를 점과 획이 흐트러지지 않게 써서 글씨의 체법을 조금도 잃지 않았다는 것이다. 또한 이 우공은 비단 필재에만 뛰어났음이 아니라 어머님 사임당의 재능을 이어받아서 그림에도 뛰어난 솜씨를 보였다.

이 우공의 8대손 되는 이서의 집안에서 전해 오는 서화첩 발문에 의하면 "그림의 품격이 조화를 이루어 묵화로 풀벌레를 그려 길가에 내 던지자. 뭇 닭들이 쪼아 대는 것이었다."라고 기록되어 있는 것을 보면 어머님 사임당과 아울러 이 그림이 그만큼 정묘한 경지에까지 이르렀다는 것을 의미한다.

율곡 선생도 평소에 말씀하시기를

"내 아우로 하여금 일찍이 학문에 종사하게 했다면 내가 그를 따르지 못했을 것이다"라고 논한 것을 보면 이 우공의 재질이 매우 뛰어났음을 알 수 있다. 다만 글씨·그림·시 등 오늘날까지 전해져 오는 작품은 흔치 않지만, 그의 필재와 화재를 느끼기에는 부족함이 없다.

실로 사임당의 칠 남매 가운데서 사임당의 예술적 소질과 능력을 물려받은 이는 맏딸 매창 여사와 더불어 옥산 이 우공 두 분이었다. 더욱이 이공은 우리나라 역사상 초서의 제 1인자로 드높던 고산 황기로 선생의 무남독녀에게 장가를 들어 그 장인의 솜씨를 전수 받았던 것이므로 서체는 진정 황 고산의 전통을 이어받았다 해도 과언이 아니다.

옥산 이 우공은 후에 처가의 고향인 선산(善山)에 살았고, 장인의 유업을 이어받아 매학정의 주인이 되었으며, 61세에 그곳에서 세상을 떠났다. 장지는 서산군 서산면 북산동 응봉 아래에 묻혔으며, 부인 황씨도 그곳에 합장하였다.

옥산 이 우공과 부인 황 씨 사이에 자녀는 1남 6녀를 두었다. 아들 이름은 이 경절이며 벼슬이 사의(司議)에 올랐다. 또한 그의 후손인 동명(東溟)공은 증조부 이 우공과 고조모 사임당의 작품들을 수집하고 보관함에 정성을 다한 분인데, 오늘날 그 집안에서 전해오는 서화첩의 유지는 실로 동명의 공로 때문이라 하겠다.

다시 한양으로

사임당은 셋째 아들 현용(율곡 선생의 아명)이 여섯 살 되는 해에 한양의 수진동(지금의 청진동)으로 올라올 때까지 5년 동안 강릉 친정집에서 계속 생활했다. 이는 율곡 선생의 기록에서도 확인할 수 있다.

❖ 현용의 영특함

사임당은 여러 아들 중에서도 현용이를 더욱 아끼고 위 했다. 이미 현용을 수태했을 때에도 태임을 본받아 언어·행동을 삼가는 등의 태교에 힘썼지만, 현용을 수태할 때나 해산 직전에 꾼 꿈으로 미루어 볼 때 셋째 아들 현용은 장차 이 나라의 동량지재(棟梁之材)가 될 인물임이 분명했다. 그런 까닭에 사임당은 율곡의 교육에 남다르게 힘을 기울였다. 사임당은 모든 자녀의 교육에 애를 썼지만, 유달리 총명하고 지혜가 뛰어난 율곡 선생에게는 더욱 공을 들여 세 살 때부터는 글공부를 가르치기 시작하였다.

현용은 기대했던 대로 특출함을 보이며 잘 자라 주었다. 사임당은 위로 네 아이의 공부를 봐주면서 두돌 잡이 현용이도 함께 놀게 했다. 맏딸 매창이 가르침을 잘 따르고 매우 영리해서 기쁨을 주더니 이제 현용이도 그에 버금가게 제법 말도 잘하고 설명하여 일러주는 대로 곧바로 받아들인다. 사임당은 행복감에 젖어 하루하루가 즐거웠다.

듣던 그대로 율곡 선생은 하나를 가르치면 열을 깨치는 그런 재능을 지니고 있었다. 율곡 선생의 연대기에 의하면 선생은 이미 3세 때 글을 읽기 시작했고, 어른들의 시를 읊조리는 소리를 듣고 그것을 암기하여 그 뜻을 막힘 없이 설명하기도 했다 한다. 또 이런 이야기가 전해져 내려오고 있다.

외할머니 이씨 부인은 손자 현용이를 등에 업고 앞마당을 거닐고 있었다. 오곡백과가 무르익은 가을날이었다. 마당에는 석류나무 한 그루가 있었는데 빨갛게 익은 석류가 여러 알 매달려 있었다. 그중에 몇 개는 껍질을 열고 붉은 속살까지 드러내고 있어 멀리서 보기도 아름다웠다. 할머니 이씨 부인은 빛깔 고운 알알들이 박혀있는 석류를 보여주고 율곡 선생(현용이)에게 물었다.

"아가 이것이 무엇인지 알겠느냐?"

그러자 율곡 선생은 주저함이 없이

"석류피리 쇄홍주(石榴皮裏 碎紅珠)입니다."라고 대답했다. 곧 "석류 껍질 속에 빨간 구슬이 부서져 있습니다."라고 대답한 것이다.

그저 말로써 대답한 것이 아니라 한시(漢詩) 구절로 답하는 것이었다. 세살짜리 어린 율곡의 이러한 답변에서 할머님을 비롯한 모든 사람은 감동하여 찬탄하지 않는 사람이 없었다고 한다. 4세 때에는 사략(史略:중국의 역사를 요점만 정리하여 기록한 책)을 배우기 시작했으며 5세 때에는 어머니 사임당이 뜻하지 않게 병을 얻어 온 집안이 경황망조한 틈에 율곡 선생은 외조부님 사당 앞에 가서 어머니의 쾌차를 기원하는 기도를 올리고 있었으므로 모든 사람이 경탄을 금치 못했다.

사임당이 병고에 시달리던 어느 날 어린 율곡 선생은 어디론가 흔적도 없이 사라졌다. 온 집안 식구들이 걱정하며 그를 찾아 나섰으나 좀처럼 찾을 수가 없었다. 사임당이 이 사실을 알고 맏딸 매창을 불러 말했다.

"좀 전에 나한테 왔다. 내 이마를 짚어 보더니 뜨겁다고 하면서 찬 물수건을 갖다 얹어 놓고 나가더라. 멀리 가지는 않았을 것이다."

어머님의 말씀을 들으니 그래도 안심이 되었다. 대관절 어디를 갔을까? 속을 태우다시피 조바심하던 매창은 문득 뒷동산에 위패를 모셔 놓은 사당 생각이 났다. 어머니와 함께 그곳에 여러 번 간 일이 있었기 때문이다. 그러면 그렇지 매창은 너무도 반가웠다. 동생 현용이가 그곳 사당 앞에서 두 손을 모으고 엎드려서 간절히 기도하고 있었다. 너무 기뻐서 현용아, 현용아 하고 불렀건만 그림처럼 미동도 하지 않는다. 매창은 달려가 할머니를 불렀다.

"할머니, 할머니 현용이가 뒷동산 사당에 엎드려 있어요."

"뭣이 현용이가 사당 앞에 있어?"

할머니 이씨 부인은 매창의 손을 이끌고 사당으로 달려왔다. 현용의 간절한 기도 소리가 들려온다.

"상할아버지, 상할머니 우리 엄마를 낫게 해주세요……"

할머니는 애타게 찾았던 현용이를 보고 안도의 한숨을 내쉬면서 기도가 멈출 때까지 함께 기원하고 현용이를 달래어 데리고 돌아왔다. 또 어느 날 북평 마을에 큰비가 내려 강바닥에 순식간 큰물이 넘쳐 흐르기 시작했다. 이때 한 행인이 강을 건너다가 물살에 휩쓸려 그만 위험한 지경에 이르렀다. 그 모습을 보고 강둑의 여러 사람들은 박장대소를 하며 웃어 댔지만 어린 율곡 선생만은 웃기는커녕 나무 기둥을 붙잡고서 혼자 애태우며 당황하다가 마침내 그 행인이 위급함을 면하고 무사히 강을 건너온 뒤에서야 비로소 안도하는 기색을 지었다고 한다. 참으로 다섯 살 된 어린아이로선 기특하기 짝이 없는 행동이라고 온 동네에 칭찬이 자자했다.

　이처럼 율곡 선생은 효심이 지극하고 인정스러운 분이었다. 또한 어머님 사임당이 세상을 떠난 후 아버님은 권 씨라는 젊은 여인을 후처로 맞이하였는데 그 계모인 권 여인은 매우 악독하고 간사스러운 여인이었으나, 아버님이 세상을 떠난 뒤에도 권 여인을 친어머니처럼 모시면서 끝내는 권 여인의 심정까지 감화시켜 마음을 변하게 하였다. 함은 너무나도 유명한 일화이다. 율곡 선생의 효심은 실로 천성의 본바탕이었다.

　여기에서 우리는 율곡 선생이 여섯살까지 지낸 북평 고을에 대해서 큰 관심을 갖게 된다. 그것은 율곡 선생의 인간상에 깊은 영향을 준 외할머니 이씨 부인과 어머님 사임당이 모두 이 아름답고 평온한 북평 고을의 자연환경 속에서 탄생했고 성장했기 때문이다. 그런 분들의 영향을 받으면서 그 자연환경 속에서 율곡 선생의 인격을 도야시키는 귀중한 성장기를 보냈다는 것은 매우 뜻깊은 일로 여겨진다. 사시장철 푸른 물결 넘실대는 동해와 웅장한 산줄기가 둘러쳐진 북평의 대자연은 갓 태어난 율곡 선생에게는 자연 그대로의 섭리 깊은 큰 스승이었을 것이라고 믿어진다.

신사임당의 교육일기

❖ 아쉬운 작별

친정인 북평에서 율곡 선생을 낳고 계속 5년 동안 그곳에서 생활하던 사임당은 그의 나이 38세 율곡 선생의 나이 여섯 살 되던 해에 다시 한양의 시댁으로 올라왔다. 그것은 연세가 많아서 가사를 돌볼 수 없는 시어머님 홍 씨를 모시고 집안 살림을 도맡아 하기 위해서였다. 이때의 사임당은 이미 5남매를 둔 몸이었다.

큰아들 선은 열일곱살의 어엿한 사내아이가 되었고, 큰딸 매창은 열 네살, 이어서 둘째 아들 번과 둘째 딸, 그리고 여섯살인 율곡이다. 당시로써는 한양과 강릉(정선군) 북평 간의 거리는 매우 먼 길이었다.

산 넘고 물 건너 그 험한 길을 부녀자의 몸으로 더구나 아이들을 거느리고 내왕한다는 것은 여간 어려운 일이 아니었다. 그런 연유로 사임당은 이 시기 한양으로 올라온 이후 세상을 하직할 때까지 다시 북평으로 내려갔다는 기록은 없다. 그러므로 이때의 작별이 고향 북평고을과는 마지막이었다. 사임당은 고향 북평을 떠나면서 친정어머니 이씨와의 작별을 몹시 서글퍼했다. 이때의 사임당의 한양길은 친정어머니와는 영영 마지막 길이었다. 그 무렵 사임당의 친정 어머님의 나이는 62세의 황혼에 접어든 시기였다. 어느 때에 세상을 등질지도 모를 늙으신 어머님을 홀로 북평 땅에 놓고서 먼 길을 떠나는 사임당의 마음은 미어터질 것만 같았다.

평생토록 매서운 말씀 한마디 없으시고 오직 자식들을 덕성으로만 훈육해 주신 어머니 돌이켜 생각하면 할수록 모든 추억이 파도처럼 밀려들어 사임당의 가슴에 정녕 눈물만이 가득히 고였다. 먼 길 떠남이 처음이 아니건만 이번만은 유다르게 깊은 슬픔이 출렁대고 가슴을 저미는 것이었다.

동면하던 벌레들이 깨어 꿈틀거리기 시작한다는 경칩이 지나자. 화창한 봄기운이 완연했다. 이제 곧 딸을 보내야 하는 어머니 이씨 부인의 마음은 몹시 바빴다. 먼저 당분간 한양에서 입을 옷부터 만들어 주고 싶었다. 아이가 다섯이니 위 형제들의 옷을 물려 입는다. 해도 보통 일은 아니었다. 사계절 내내의 갈아입을 옷을 마련해 보내기로 했다. 또 시어머님 옷이며 사위의 옷도 함께 짓기로 했다.

북평촌의 오죽 동산에서 낮이고 밤이고 다듬잇방망이 소리가 울려 퍼졌다. 댓잎 부서지는 소리도 품고 소나무에 이는 바람 소리도 싸여 들이면서 다듬이질 소리는 울타리 밖으로 멀리 퍼졌다. 어머니 이씨 부인은 딸 사임당과 마주 앉아 가슴으로 많은 대화를 나누면서 다듬이질을 한다.

마당에서 형들과 함께 놀고 있던 현용이가 놀이를 그치고 방으로 들어온다.

"할머니 다듬이질 잘하시네요."

이씨 부인은 다듬이질을 잠시 멈추며

"그래 우리 예쁜 손자. 한양 집에 가니 좋아?"

"아니요, 전 여기가 더 좋아요."

"아이고 그런 소리 하지 마라. 한양 할머니 들으시면 서운해하신다. 한양가면 할머니한테 잘해야 한다. 그분이 진짜 친할머니야. 나는 외할머니고."

"네 잘 알겠어요. 할머니, 제가 이담에 크면 할머니하고 같이 살게요. 저희 떠나도 쓸쓸하지 마시고 잘 지내세요."

"그래, 예쁜 내 새끼, 어디에서 그런 정소한 말이 나오는고."

할머니 이씨 부인은 현용이를 꼭 끌어안는다. 하늘이시여 우리 현용이의 장래를 돌봐주소서, 이씨 부인의 마음속에서 기도가 절로 우러나온다.

❖ 대관령 고갯마루에서

하루하루 소중한 날들이 지나고 온 식구가 길 떠날 채비를 마무리했다. 한양에 올라가 수진방(지금의 청진동과 수송동)으로 이사를 해 놓고 돌아온 이 원수 공이 앞장을 선다.

"장모님 너무 걱정하지 마십시오. 자주 연락드리겠습니다."

"그래, 고맙네, 자네만 믿겠네. 그리고 제발, 술 좀 줄이게나."

이씨 부인은 술이 과한 사위가 늘 걱정이었다. 그는 앞으로 절대 술을 마시지 않겠노라고 호언장담만 했지 작심삼일이었다.

"하하하 잘 알았습니다. 이제 한양 가면 술 안 마십니다. 어디 두고 보십시오."

대답은 시원스럽게 잘한다.

이 원수 공이 앞서고 뒤로 아이들과 사임당이 따르며 강릉(동해시) 북평 마을 오죽 동산을 나선다. 동네 사람들이 모두 나와 덕담을 나누고 손을 흔든다. 성황 나무 옆을 지나다 뒤돌아보면 아직도 서 있는 동리 사람들 사임당은 그 여러 사람 중에서 오직 어머니만 눈에 들어온다. 사임당은 옷고름으로 눈물을 훔치며 동네의 마지막 모퉁이를 돌면서 또 뒤를 돌아본다. 그들이 보이지 않을 때까지 손을 흔들고 또 흔든다.

"어서 가거라 어서 가 돌아보지 말고."

다시 한양으로

129

어머니 이씨 부인이 손사래를 치며 목청을 높여 지르는 소리가 희미하게 들려온다. 보내는 마음. 떠나는 마음속에 이씨 부인은 딸과 손자들의 모습이 저 멀리 보이지 않을 때까지 하염없이 지켜보며 서 있고 사임당은 돌아보고 또 돌아보며 한양 사백리 길을 걷기 시작했다. 사임당은 굽이굽이 대관령을 감돌아 올라 멀리 아득한 고향 마을을 바라본다. 날이 저물고 있었다. 일행은 대관령 고갯마루에서 잠시 쉬어 가기 위해 자리를 잡는다. 사임당은 불현듯 어머니를 그리워하는 시상(詩想)이 절로 떠오른다.

踰大關嶺 望親庭 유대관령 망친정 : 대관령을 넘으면서 친정을
바라본다.

慈親鶴髮 在臨瀛 자친학발 재임영 : 늙으신 어머님을 고향에 홀
로 계시게 하고

身向長安 獨去情 신향장안 독거정 : 혼자서 한양길로 가는 외로
운 이 마음

回首北村 時一望 회수북촌 시일망 : 돌아보니 북촌마을 아득하
고

白雲飛下 暮山靑 백운비하 모산청 : 저문 산을 흰 구름만이 날
아 내리네

이 시는 율곡전서(栗谷全書)에 기록된 시로써 사임당이 북평을 떠나 대관령을 넘으면서 친정 어머님을 그리워하며 지은 시이다. 이 시는 당시 사임당의 심정을 잘 묘사하고 있다.

일생을 사람이 마땅히 지켜야 할 다섯 가지의 도리 어짊과 의로움과 예의와 지혜와 믿음의 오덕(五德), 즉 인의예지신을 으뜸으로 여긴 사임당은 모든 생각과 행동도 역시 그러했다. 원초적 인간의 성정인 효심을 잃는다면 어찌 사람이라 할 수 있겠는가? 그것은 금수와 다를 바 없다. 아무리 훌륭한 재능을 지녔다 해도 그것은 다만 먹이를 구하는 사냥 기술을 지닌 것과 다를 것이 없다.

사임당이 한평생 금과옥조로 삼은 유학의 인의예지신은 만고불변의 진리이자 사람의 도리인 것이다. 우리가 사임당을 배우고 따르려 하는 정신도 역시 그가 평생 몸소 실천한 그 인의예지신의 고귀한 교훈을 붙좇기 위함이다.

사임당은 매우 다감하고 정이 많은 분이었던 것 같다. 율곡 선생은 회고록에 어머니 사임당이 한양에서 생활을 할 때에도 항상 북평촌에 홀로 계시는 할머님을 애틋하게 생각하며 눈물 지었다. 어느 때는 밤을 꼬박 지샌 적도 있었다. 라고 밝히고 있다. 그러나 오늘날 그런 사임당의 가슴속 깊이 간직한 마음을 살필 수 있는 한시(漢詩)는 두편 밖에 전해져 오지 않음은 참으로 안타까운 일이다. 그 한편은 앞서 소개한 '대관령을 넘으면서 친정을 바라본다.'이고 다른 한편은 '어머님을 그리워하며'라는 한시이다.

신사임당의 교육일기

千里家山 萬疊峰 천리가산 만첩봉 : 산 첩첩 쌓인 내 고향 천리 련만

歸心長在 夢魂中 귀심장재 몽혼중 : 꿈이나 생시나 오직 돌아가 고픈 마음

寒松亭畔 孤輪月 한송정반 고윤월 : 한송정가에 외로이 뜬 달

鏡浦臺前 一陣風 경포대전 일진풍 : 경포대 앞 스치는 한 줄기 바람

沙上白鷗 恒聚散 사상백구 항취산 : 갈매기 떼는 모래밭에 모였 다 흩어지고

海門漁艇 任西東 해문어정 임서동 : 고깃배는 바다 위를 동서로 오락가락

何時重踏 臨瀛路 하시중답 임영로 : 언제나 고향길 다시 돌아가

更着斑衣 膝下縫 갱착반의 슬하봉 : 색동옷 갈아입고 바느질할 꼬

– 어머님을 그리워하며 –

이 시를 음미해 보면 사임당이 얼마나 고향의 어머니를 그리워

하고 강릉 북평고을의 산천을 사랑했는지 알 수가 있다.

사임당과 이 원수 공 일행은 아흔아홉 굽이 대관령을 넘고 진부령를 지나 운교, 안흥, 횡성, 양평 등을 지나서 마침내 한양에 당도했다.

한집안의 살림을 맡다

　　　　　　　　　한양으로 다시 올라온 사임당은
시어머님 홍 씨를 모시고 지금의 청진동과 수송동에 해당하는 수
진방에서 살았다. 그러나 사임당의 한양 생활은 변변치 않았던
것으로 미루어 생각된다. 그것은 율곡 선생이 남긴 어머니 사임당
에 대한 기록이 뚜렷이 말해 주고 있다.

　선생은 회고록에 아버님은 성품이 자상하지 못하시어 살림 형
편을 잘 모르셨고 살림살이가 어려운 관계로 어머님께선 매우 부
지런하시고 알뜰하게 절약하며 생활을 하셨다. 그런 고생스러움
속에서도 그다지 대수롭지 않은 일도 반드시 시어머님 홍 씨에게
아뢰고 의견을 받들어 모셨으며, 하인들에게도 항상 유연하게 대
하시어 집안을 평안하게 이끌어 가는 데 애를 쓰셨다. 가끔 아버
님께서 부주의로 실수를 하시면 꼭 그 잘못을 고치도록 말씀하셨
으며 자식들을 훈계하실 때도 옳게 타일러서 잘못이 없도록 주의

를 줌으로써 집안 식구들이 모두 어머님의 뜻을 소중히 여겨 따랐다. 라고 적어 남기고 있다.

이러한 기록은 사임당이 집안을 어찌 보살피고 주재했는가의 면모를 알게 한다. 생활이 넉넉하지 못한 가운데서 집안의 식솔들을 이끌고 살림을 꾸리어 나간 사임당의 모습이 눈앞에 생생히 그려진다.

예나 지금이나 남편이 집안의 형편을 보살피지 못하는 가정 살림의 어려움은 모두 안주인의 고난으로 연결된다. 그런 가정생활을 이끌어 나간 사임당의 고초는 덧붙여 말하지 않아도 미루어 생각할 수 있다. 그런 구차한 살림 속에서도 사임당의 희망은 오로지 무럭무럭 자라나는 자녀들의 큰 성공이었다.

❖ 자녀들의 귀감이 되어

한양으로 올라온 사임당은 다음 해인 39세 때 넷째 아들 우를 낳았다. 이로써 슬하에 4남 3녀를 두었다. 그렇게 해서 집안에 달린 식구들은 열이 넘었다. 돈을 들여놓는 사람이 없으니 구복지계(口腹之計)가 보통 일이 아니었다. 그나마 파주에 시댁 논이 조금 있어 많은 위안이 되었다. 그녀는 많은 식솔을 꾸려나갈 일이 걱정되어 이런저런 궁리를 해본다. 먼저 객쩍은 비용은 아끼고 꼭 필요한 데에만 쓰는데 힘을 기울였다.

집안 마당 곳곳에도 채소를 심었으며 마음 같아서는 꽃을 가꾸고 싶었지만, 대가족의 먹음새를 위해 채소가 더욱 필요했기 때문이다. 새싹이 푸릇하게 돋아나는 갖가지의 채소를 볼 때마다 그녀는 씨를 심어야 싹이 난다는 진리를 되새기며 온갖 정성을 기울였다. 사임당은 우주 만물의 생장 성쇠는 같은 이치일 것이라고 믿고, 아이들에게도 정성을 쏟으면 그만큼 훌륭히 성장할 것을 생각하며, 생활 속에서의 웃어른 공경과 형제간의 우애 등을 가르치고 또 각자에게 알맞은 일을 맡겨 집안일을 돕도록 하였으며, 공부방에서도 절약 정신을 심어 주려 애를 썼다. 종이 한 장도 소중히 여기라 이르고 자신이 먼저 본보기를 보였다. 붓글씨를 쓴 자리에 덧쓰고 또 겹쳐 쓰며 먹도 손가락으로 눌러 마지막 토막까지 갈아서 사용하고 먹물 한 방울도 남기지 않고 쓰도록 늘 주의를 주었으며, 딸들에게는 부엌살림 아끼는 방법까지도 세세하게 일러 주었다.

사임당의 한양 생활은 나날이 안정되어 갔다. 마침내 서도·자수 등 자신의 수양을 쌓기 시작하였으며, 아이들에게 글·그림 등의 지식을 갖추게 하는 것도 사임당의 일이었다. 사임당이 그림을 그리고 있으면 매창과 현용이는 그 곁에서 글을 읽었다. 매창은 특히 그림 그리기를 좋아하였는데 북평 오죽 동산에서 본 대나무와 참새 그리고 매화를 즐겨 그렸다. 매창은 자녀들 중에서 어머니 사임당의 재주와 능력을 가장 많이 물려받은 듯했다. 한편 현용이는 글을 읽고 쓰기에 더욱 관심이 많았다. 일곱 살의 어린 나이인데도 사서삼경을 읽으면서 나름대로 자기 생각을 글로써 표현하였다. 한번은 진복창전(陳復昌傳)전 이라는 글을 써서 사람들을 놀라게 했다.

수진방 이 원수 공의 집 부근에 당대 권문세도가인 대사헌 진복창이 살고 있었다. 진 복창은 중종 26년에 과거에 급제하고 이후 벼슬길에 올라 사헌부의 으뜸 벼슬인 대사헌까지 된 사람이다. 여러 분야에 두루 능통하고 박식한 진 복창은 문장도 뛰어나고 글도 잘 썼지만, 인간 됨됨이가 어질지 못하고 내숭스럽고 음흉하여 장안 사람들은 그를 간적이라고 부르며 몹시 밉게 여겼다.

어른들이 진 복창을 증오하고 그를 나무라는 것에 공분을 느낀 어린 율곡 선생은 진 복창전이란 글을 지어 사임당에게 보였다.

"군자는 그 덕이 안에 쌓여 있으므로 자신의 마음이 늘 평안하지만, 소인배는 교활함이 속에 가득 차 있으므로 마음이 평온할 수가 없다. 내가 진 복창의 사람됨을 보건대 속으로는 불안·초조하여 어찌할 바를 모르면서 오직 겉으로 너그럽고 평안한 체 할 뿐이다. 이런 사람이 권세를 누리게 된다면 훗날 걱정스러운 일이 헤아리기 어려울 것이다."

그가 자신의 이익만을 꾀하고 남을 돌보지 아니한 것은 사실이었지만 어린 눈에 그렇게 비칠 줄은 미처 몰랐다. 사임당은 어린 율곡 선생의 글을 보고 적이 놀랐다. 문장력도 신기했지만 어린 그가 벌써 선악을 가름하고 악을 규탄할 줄 아는 견식이 있다는 사실이 참으로 놀랍고 대단한 일이었다.

❖ 현용이의 글 솜씨

그 후 진 복창은 율곡 선생이 지적한 대로 문정왕후의 친정 오라비인 윤 원형과 한통속이 되어 많은 선비를 옥사에 몰아넣는 등의 국정 농단을 일삼다 결국 탄핵을 당하여 함경도 삼수로 귀양을 갔다가 그곳에서 절명하였다. 이 일은 어른 율곡 선생의 예지가 얼마나 뛰어났는가를 알 수 있는 부분이다.

자녀 중에서도 사임당에게 많은 기쁨과 희망을 주는 이는 역시 총명하고 지혜롭고 글솜씨가 뛰어난 셋째 아들 현용이었다.

율곡 선생의 기록에 따르면 그간 파주 밤나무골에 자주 왕래했음을 알 수 있다. 화창한 봄의 어느 날 율곡 선생은 조상 대대로 살아오는 파주 월곡리에 도착하여 화석정(花石亭)이라는 정자에 올라 오언율시 한 편을 지었는데 실로 대문장가의 면목에 조금도 손색이 없는 시이다. 이때 율곡 선생의 나이는 여덟 살이었다.

林亭秋已晩 임정추이만 : 숲속 정자에 가을이 이미 저물었으니

騷客意無窮 소객의무궁 : 나그네의 회포는 끝이 없도다

遠水連天碧 원수연천벽 : 멀리 물과 하늘은 마주 닿아 푸르고

霜楓向日紅 상풍향일홍 : 서리 맞은 단풍이 선홍이구나

山吐孤輪月 산토고륜월 : 산 위에 둥근달 솟아오르고

江含萬里風 강함만리풍 : 강은 만리에서 부는 바람 머금네

塞鴻何處去 새홍하처거 : 변방의 기러기는 어디로 가는고

聲斷暮雲中 성단모운중 : 울음 소리 구름 속에서 끊어지도다

사임당은 율곡의 스승이었다. 한양으로 올라와서부터 사임당은 율곡의 교육에 더욱 힘을 기울였다. 영특한 율곡은 자신의 힘으로 학문의 도리를 깨달아 사임당을 기쁘게 했다. 사서(四書) 곧 유교의 경전인 논어·맹자·중용·대학의 이치를 어렵지 않게 깨치어 어머니 사임당의 노고를 덜하게 했다. 율곡이 배운 학문은 인간의 가치와 개성을 존중하고 자유로운 규율 아래 존엄성 회복과 문화적 교양의 발전에 노력하는 인본주의 교육이었다. 따라서

이 모두가 인간의 수신을 강조하는 학문이다. 그런 연유로 옛 성현 군자들의 가르치심이 바탕이 된 교육은 자신을 깨닫게 하여 인격을 완성한다. 그런 점에서 오늘날의 주입식 교육에 의해 학생의 기억·암송에 중점을 두는 교육 방식과는 근본적으로 다른 것이다.

❖ 이륜행실도

또한 율곡 선생의 아홉 살 때에는 이륜행실도(二倫行實圖)라는 그림을 그려 어머니 사임당을 기쁘게 했다. 이는 율곡 선생이 어릴 적부터 부모님께 효도하고 형제간의 우애를 소중하게 여긴 성리학적 기질이 있었음을 나타내기도 한다. 성리학이란. 송(宋)·명(明)대에 성한 형이상학적 유학의 한 계통으로서 훈고학에 만족하지 않고 우주의 본체와 인성(人性)을 논하는 학문이다.

하루는 현용이 모처럼 그림을 그렸다고 가족들에게 보여준다. 평소 그림은 별로 그리지 않던 현용이였다. 그런데 어머니와 누나 매창이 즐겨 그리는 꽃과 새, 풀과 벌레 산수화가 아닌 생각 밖의 그림이었다. 무슨 뜻이 있는가 싶어 사임당이 묻는다.

"그림에 무슨 사람들이 이리도 많으냐?"

"예 부모님을 모시고 우리 남매들이 옹기종기 모여서 함께 살아 가는 그림입니다. 옛적 장 공예(長公藝)의 9대 가족이 한집에 살 았다는 것을 적은 이륜행실이란 책을 읽고 우리도 이렇게 함께 모여서 살았으면 좋겠다는 생각이 들어 그림으로 그려 보았습니 다."

그림 속에는 할머니 두 분과 아버지 어머니를 비롯하여 형·누 나·동생들까지 모두 열 한 식구가 그려져 있었다.

"그래 언제까지나 온 가족이 함께 모여 행복하게 살아가면 얼마 나 좋겠는가?"

사임당은 현용이의 기특함으로 눈시울이 붉어진다.

이륜 행실은 중국 당나라 때의 장 공예의 집안 내력에 대한 이 야기이다. 장공예의 집안은 9대가 함께 모여 살았다고 전해지고 있다. 옛날에는 3대가 한집에 사는 일이 허다하여 그리 놀라운 일이 아니었다, 그러나 장 공예처럼 9대에 이르는 대가족이 함께 모여 산다는 것은 매우 희귀한 일이었다.

마침내 이런 일이 당나라 고종 황제에게 알려져 깊은 감동을 받은 고종이 친히 장 공예를 격려하면서 묻는다.

"어떻게 하여 9대가 함께 모여 살 수 있는고?"

그러자 장 공예는 정중하게 '참을 인(忍)'자 백수십 자를 써서 바치는 것이었다. 이를 본 고종황제는 마음속 깊이 느끼는 바가 있어 탄복하며 장 공예가 써서 바친 글씨를 가지고 돌아갔다는 고사가 전해진다.

이 장 공예에 대한 이야기를 이조 중종 때의 조신이란 학자가 장유와 봉우의 도리를 그림으로 그리고 한문과 한글로 설명을 덧붙이어 이륜행실도라는 책자를 편찬해낸 바가 있다. 율곡 선생은 장 공예의 이륜행실도에 관한 책을 읽고 매우 감동한 나머지 그는 부모님과 형제들을 받들어 모시고 오손도손 함께 살아가는 그림을 그리며, 우리의 집안 식구들은 결단코 흩어져 살지 않겠다고 다짐하여 어머니 사임당의 마음을 즐겁게 했다. 이처럼 율곡 선생의 효심과 형제간의 우애 지심은 어릴 적부터 싹수가 있었다.

❖ 경포대부

율곡 선생의 나이 열 살 때 지은 경포대부(鏡浦臺賦)라는 한시는 영조 18년에 강릉부사로 부임한 조 하망이 경포대를 크게 개축한 바 있었는데 그때 오죽헌의 문헌 속에서 경포대부를 발견하고 한시가 너무 잘 쓰여 있어 이를 현판에 새겨 경포대의 문간 옆에 붙였다. 한다. 이의 대강을 논하면 기(氣)를 잘 기르지 못하면 행실이 추잡해져 뜻을 거스르는 것이니 사사로운 이익을 취하는 것은 반드시 성정에 해로운 법이다. 산과 물을 즐기는 것은 지극히 어질고 지혜로움을 간절히 원하기 때문이리라……

열 살 어린이의 글치고는 너무도 깊은 철학을 담고 있는 글귀라서 외할머니와 아버지 이 원수 공 그리고 형들도 모두 놀라 감탄하였다. 이러한 사실을 유추해 보면 율곡 선생이 부모님을 따라서 여섯 살 때 한양으로 올라온 그 뒤 열 살 때 북평에 내려갔던 일이 있었음을 짐작게 한다. 사임당이 38세 때 한양으로 올라온 후에 다시 북평으로 내려갔었다는 기록은 없으므로 아버지 이 원수 공과 형제들만 강릉 북평 마을 외할머니댁을 찾은 것 같다. 따라서 율곡 선생은 외가에 내려가는 길에 경포대부를 지은 것으로 여겨진다.

❖ 아버님 이 원수 공의 병환

율곡 선생의 열 한 살때에는 아버지 이 원수 공이 위급한 병환으로 자리보전을 하게 되었다. 그의 나이 43세 어쩔 수 없이 중년에 접어들었지만, 가끔 마을 잔치나 친우들과 어울리면 절제 없이 술을 마시곤 해서 가족들의 마음을 졸이게 하더니 기어코 탈이 나고 말았다. 사임당은 남편이 안쓰러워 몇 번이고 주의를 했건만 한 서너 달 지나면 어느 순간 또 긴장이 풀리어 느슨해졌다. 아무래도 마음이 독하지 못해서 남들이 주는 술잔을 거절하지 못하는 게 이유인 듯했다. 술 좋아하는 사람치고 악한 사람은 없다더니 그 말이 옳은 말인 것 같다. 사임당은 병의 증세가 중하여 식음을 전폐한 남편을 위해 미음이나 죽 등의 먹을거리를 만들어 조금씩이라도 떠먹였으며, 누이 매창과 현용이는 늘 아버지 곁에서 병간호를 돕고 보살폈다.

그러던 어느 날이었다. 매창이 놀란 목소리로 어머니를 불렀다. 어머니, 어머니 매우 급한 목소리였다. 사임당이 뛰어 들어가니 현용이가 칼로 자기 팔을 베어 의식이 희미한 아버지의 입에 대고 팔목에서 흘러나오는 피를 마시게 했다.

"현용아 이제 그만 그만하거라"

"어머님, 아버지의 얼굴이 생기가 없고 파리한 것은 피가 부족하기 때문입니다."

열한 살 어린 나이의 어디에 그런 소견이 들었을까? 사임당은 그저 탄복할 따름이었다. 어르고 달래어 배인 팔목을 헝겊으로 싸매주자 현용이는 어디론가 달려나간다. 걱정이 되어 매창이 따라가 보니 현용이는 조상님들의 신주가 모셔져 있는 사당으로 들어가 울부짖으며 간곡하게 기도를 올린다.

"제가 아직 나이는 어리지만, 재주와 능력이 있어 감히 신을 모

한 집 안 의 살림을 맡다

145

실 수가 있습니다. 그러하오나 저의 아버지는 이미 늙어 저만 못
할 것이오니 차라리 저를 데리고 가시고 아버지를 살려주십시오.
저로서 대신하도록 하여 주십시오."

그 모습이 너무나 간절해서 곁에서 보고 있던 누이 매창도 함
께 무릎을 꿇고 나란히 앉아 오랫동안 아버지의 쾌유를 눈물로써
빌었다. 이러한 당돌하고도 효성이 지극한 기도는 율곡 선생의 정
신세계를 잘 드러내 보이고 있다.

그 정성을 조상님이 돌보신 것일까. 생사지경을 헤매던 이 원수
공의 의식이 회복되었다. 소생한 이 원수 공이 부인 사임당에게
말하기를

"내가 아주 이상한 꿈을 꾸었소, 깜박 잠이 들었는데 꿈에서 하
얀 백발의 노인이 나타나서 우리 현용이가 앞으로 동방의 큰 유
학자가 될 것이라고 하면서 이름을 구슬 옥(玉) 변에 귀 이(耳)자
를 붙여 귀고리 이(珥)자로 고치라고 말씀하셨소. 꿈이 하도 선명
해서 잊히지 않는구려.

"그 참 신기한 꿈이군요. 무언가 참뜻이 있을 것 같으니 그럼 지
금부터 이(珥) 라고 부르지요. 현용아, 아니 이야 너도 그렇게 알
고 주위 사람들한테 설명해 주려무나."

현용이는 이때부터 이라고 칭했다. 먼저 집안 형제자매들부터
이야, 이야 불러 새 이름을 익혔고 동리의 대소가 어른들과 동네

친구들에게도 알려서 이 라고 불러주기를 청했다. 그리하여 사임
당이 용꿈을 꾸고 지은 이름 현용이는 아버지 이 공의 꿈에서 신
선에게 받은 이름 이로 바꿔 불리게 되었다. 그리고 얼마 후 이
원수 공은 몸을 추스르고 일어나 조금씩 바깥출입을 하게 되었
으며 또한 너무도 다행인 것은 그 후로 술을 거의 마시지 않게
된 것이다. 고통을 당하고 있는 그 당시에는 무엇도 생각할 수 없
지만, 인간은 시련과 고통속에 성장한다는 것을 사임당은 깨치어
알게 되었다. 그리하여 지금까지 치러낸 고통의 순간, 순간에 감
사를 드리며 우주 삼라만상을 주관하시는 하느님께도 감사의 기
도를 올렸다.

실로 어린 율곡은 어머니 사임당의 꿈이요 희망이었다. 물론 슬
하에 4남 3녀의 자녀가 있어 모두 자랑스럽지만, 사임당은 영특
한 율곡 이에게 더욱 기대를 걸고 아끼며 체계적인 교육을 받게
했다.

❖ 이(珥)의 초시 급제

단정할 수는 없으나 사임당이 일생 가장 큰 기쁨을 느낀 것은
율곡이 열세 살 때 진사 초시에 장원 급제했을 때 였다고 사료

된다.

사임당은 정성을 들여 가르친 율곡 이를 과거장으로 내보냈다. 일찍이 사임당은 이 원수 공과 결혼하여 부군의 학문이 부족함에 매우 실망이 컸다. 그런 연유로 십 년을 작정하고 학문에 전심 전력을 다하여 대성하기를 권유했었다. 그러나 학문에 뜻이 없는 이 공의 체념으로 그의 웅지를 펼치지 못했다. 아마도 그것이 사임당의 가슴속에 잊히지 않고 뭉쳐 있는 한이었을 것이다. 그런 부군에게서 이루지 못한 그 뜻을 영민한 아들 율곡을 통해서 이루고자 하는 마음이 간절했다.

어린 율곡은 깊은 효심으로 온 고을에 좋은 평판이 자자했지만, 과연 과거에도 급제할 것인지 사임당은 자신이 시험을 치르는 것과 같아 더욱 가슴이 설레었다. 그러나 역시 율곡 선생은 어머니 사임당의 기대에 어긋나지 않았다. 선생은 인생의 첫 번째 관문을 당당히 통과한 것이다. 사임당은 일생을 통하여 가장 큰 기쁨을 체험하고 누렸을 것이다.

율곡이 시험을 보고 온 지 한 달 때쯤 후에 관아에서 사람이 나왔다. 그는 대문을 두드리며 소리를 외친다.

"경사 났소. 이 댁 아드님이 장원 급제요. 우리 고을 경사입니다. 장원이요 경사 났소." 대문 안으로 들어서는 그의 얼굴이 기쁨으로 붉게 물들어 있었다.

부군 이 원수 공과 인연을 맺은 지 27년 그 당시 사임당의 나이 45세이며 율곡 이의 나이는 열 세살이고 때는 명종 3년 무신년(戊申年:1548년)의 일이었다.

열세 살 소년이 버젓하게 진사 초시에 합격하자 타고난 재능을 가진 소년이 나왔다며 승정원 관리들은 모두 놀라워했다. 승정원에서는 이 신통한 소년을 굳이 불러들였다. 관리들은 침착하고 위풍이 있는 소년 율곡을 보고 앞으로 대성할 인물이라며 입이 침이 마르게 칭찬을 했다.

사임당은 승정원에서 돌아온 아들을 꼭 껴안고 기쁨의 눈물을 흘렸다. 오랫동안 맺힌 한을 풀어준 아들 눈물을 흘리고 또 흘려도 그칠 수 없는 기쁨이었다. 사임당은 이제 자신의 믿음을 의심치 않았다. 아들 이가 장차 자라서 바르고 사리를 탐하지 않는 인물로 성장할 것을 확신한 것이다.

"고맙다. 정말 고맙다. 그러나 이 이야 여기에 만족해서는 안 된다. 더 열심히 공부해서 대과에도 응시하고 인격 수양도 해야 할 것이며, 이제 앞으로 할 일이 더 많다. 그리고 절대로 자만해서는 아니 된다. 알겠니."

"네, 명심하겠습니다."

이들 모자의 기쁨을 축하라도 하듯 석양에 타는 저녁노을은 유난히 붉기만 했다. 그리고 마음이 흡족하도록 기뻐하는 또 한 사람이 있었다. 그분은 바로 강릉 북평 마을에 홀로 계시는 외할머니 이씨 부인이었다. 얼마나 현용이를 이뻐해 주시던 할머님이시던가, 율곡 선생이 이 세상에 태어날 때 손수 받아주신 그 할머님이시다. 딸 사임당이 덕수 이씨 문중으로 출가한 후 27년 만에 처음으로 친정어머니에게 올리는 너무도 기쁜 소식이었다.

"현용이 진사 초시에 장원 급제"

이 기쁜 소식은 아흔아홉 굽이의 대관령을 훌쩍 뛰어넘어 북평촌의 외할머니께 전해졌다.

"장하다 장해 우리 현용이 그렇게 똑똑하더니 기어코 우리 현용이가 과거에 급제를 했구나."

사임당의 친정어머니 이씨 부인은 신이 나서 더덩실 어깨춤을 추었고 온 고을 사람들도 함께 기뻐했다. 사실 딸을 출가시킨 후 이씨 부인은 늘 가슴이 아팠다. 사위 이 서방이 뚜렷한 직업이 없어 딸의 살림이 온전하지 못하고 많은 자식을 이끌고 이리저리 옮겨 다닐 때마다 어머니 이씨 부인은 가슴이 미어졌다. 그리고 요즈음은 밤낮없이 한양에 있는 딸 사임당의 생각뿐이었다. 많은 자식을 데리고 고생을 하고 있지는 않은지, 죽이라도 제대로 끓여 먹고 살아가는지 언제나 늘 딸네 집 걱정에 근심이 가득한 이씨 부인에게 뜻밖의 한양에서 들려온 손자 현용이의 초시 급제 소식은 이루 다 말할 수 없는 기쁜 소식이었다.

"그 아이를 밸 적에 선녀 꿈을 꾸었고, 낳던 날 새벽에도 용을 봤다더니 그것이 모두 현용이의 밝은 앞날을 하늘이 가르쳐 주시는 꿈이었구나."

외할머니 이씨 부인은 그렇게 굳게 믿어 의심치 않았다.

❖ 사임당의 조언

앞서 논한 바와 같이 이 원수 공은 학문에 뜻이 없어 등과를 못 했음으로 벼슬아치 노릇도 할 수가 없었다. 그래서 집안 형편은 넉넉하지 못했고 항상 구차한 살림에서 헤어나지 못했다. 그러던 어느 날 이 원수 공에게 좋은 기회가 찾아왔다. 그것은 이 공의 오촌 아저씨뻘 되는 이기 라는 사람이 나라에서 공로를 인정받아 영의정의 벼슬에 오른 것이다. 영의정이라면 일인지하 만인지상의 높은 벼슬이었다. 이기는 당시 풍성 부원군이라는 봉작까지 받은 실로 당대의 권세를 장악한 세도가였다. 이 공은 매일같이 이기 영의정의 집을 드나들기 시작했다. 말할 것도 없이 세력가인 이기의 환심을 사서 벼슬자리를 얻어보려는 속셈에서였다. 그러나 그 사실을 알게 된 사임당은 부군 이 원수 공에게 이기의 집 출입을 하지 못하게 적극적으로 말렸다.

152

신사임당의 교육일기

"오로지 선비는 잘못된 세도에 휩싸여선 안 됩니다. 이기 영의정이 아무리 일가친척이라 해도 그분은 결코 옳지 못하며 그분의 세도도 오래가지 못할 것입니다. 부디 그 집의 출입을 삼가십시오."

사임당은 부군 이 원수 공에게 곡진하게 타일렀다. 이기는 명종 원년(1545년)에 명종의 외숙인 윤 원형과 더불어 피비린내 나는 을사사화를 일으키고 주도한 인물이었다.

인종이 승하하고 명종이 등극하자 그의 어머니 문정왕후가 수렴청정하게 됨을 이용하여 문정왕후의 오라비 되는 윤원형과 이기·정순붕등이 음모를 꾸며 대윤의 거두인 윤임의 일가 및 유관·유인숙 등을 시해하고 많은 병사를 몰아냈었다.

사임당은 한낱 아녀자의 처지였지만 사리의 옳고 그름을 구분할 줄 아는 견식을 갖추고 있었다. 아무리 벼슬길이 절실하다 해도 도리에 어그러진 무리와 함께할 수 없다는 것이 사임당의 분명한 견해였다. 이것은 사임당이 사물의 뜻을 명백히 규명하고 불의와는 타협하지 않는다는 정의감에 불타는 여성이었음을 알 수 있게 한다. 또한 사임당은 세상에서 악은 오래 버티어 유지할 수 없다는 현묘한 이치를 깨달은 밝은 지혜가 서려 있었다. 이기의 비위를 맞춰 그의 호감을 자아내어 벼슬자리를 얻으려던 이 공은 부인 사임당의 반대로 종내에는 이기의 집 출입을 단념할 수밖에 없었다.

　결국 사임당의 예상이 들어맞았다. 사임당이 출입을 만류한 지 얼마 안 되어 과연 날아가는 새도 떨어뜨린다는 이기의 권세가 하루아침에 무너져 내리는 날이 왔다. 이 원수 공은 사임당의 권유로 진즉 이기의 집에 왕래하지 않았기 때문에 화를 면할 수 있었다. 이것은 실로 고결하고 강직한 사임당의 정신세계를 우리에게 상징적으로 드러내는 일이다.

8
지는 꽃잎

　　한양으로 올라온 사임당은 수진방에서 10년 동안 생활했고, 그 뒤 삼청동으로 이사를 했다. 그리고 얼마 되지 않아 48세 되던 해의 5월에 세상을 등졌다. 사임당은 그동안 시댁의 삶터인 파주 밤나무골을 자주 오가면서 생활했던 것으로 여겨진다. 더구나 일곱째인 우를 잉태한 후에는 시어머니 홍 씨의 배려로 버겁고 어수선한 서울 생활을 접고 한동안 파주로 내려가 생활하였으며 그곳은 북평고을 처럼 산수가 아름다웠고, 무엇보다도 생활의 근거지인 한성과 가까워서 좋았다. 사임당은 그저 고마울 따름이었다.

❖ 수운판관(水運判官)에 임명되다.

상강(霜降)절 후줄근하게 내리는 늦가을 빗줄기를 바라보면서 사임당은 상념에 잠긴다. 시어머님이 돌아가신 지도 어언 일 년이 지나 엊그제 소상(小祥)을 치렀다. 생각할수록 고마운 어머님이셨다. 형편이 어려운 집안에 시집와서 고생이 많다고 이것저것 베풀어주신 어머님, 사임당은 그 은혜에 보답하고자 지극 정성으로 어머님의 병간호를 하였지만, 칠순의 노모는 회복될 기미를 보이질 않더니 기어이 삶의 종지부를 찍고 말았다. 사임당은 그동안 효성을 다 하지 못해 죄송한 마음이 그지없었다. 한 가지 마음에 위안이 있다면 어린 이가 초시에 장원 급제를 하여 잠시나마 마음에 기쁨을 드린 일이리라.

사임당은 근자에 들어 부쩍 몸이 고단하고 마음 또한 심란했다. 돌아가신 외할아버지와 아버지까지 생각이 나서 혼자 멍하니 하늘만 쳐다보기 일쑤였다. 사임당은 이런저런 까닭으로 북평 마을에 계시는 친정어머니 생각이 더욱 간절했다. 짐작으로 가늠해 보니 어머니의 올해 나이 72세 건강은 어떠하실까. 꿈속에서라도 한번 보였으면 좋으련만 사임당은 어머니에 대한 사무치는 그리움에 눈물로 옷깃을 적신다.

삶이 아무리 고달파도 친정어머니 생각만 하면 모든 근심거리가 누그러지고 생활의 힘이 되는 활력을 되찾아 마음부터 평안해지는 사임당에게 희소식이 들려왔다. 온 집안에 경사가 난 것이다. 소년 율곡이 진사 초시에 급제한 다음 해인 명종 5년(1550년) 여름 사임당의 나이 47세 되던 해에 남편 이 원수 공이 수운판관이라는 종5품의 벼슬에 오르게 된 것이다. 그의 나이 50세 되는 해였다.

수운판관의 벼슬은 각 지방으로부터 나라에 세금을 바치는 곡식을 배에 실어 한양으로 운반해 오는 일을 맡아보는 직책이었다. 당시에는 평안도·전라도·경상도에서 세곡을 배에 싣고 한강을 통해 마포·서강 등으로 운반해 왔다. 초시에 등과도 못 한 그를 누군가 추천해서 오른 직책이라 생각하니 비록 미관말직이지만 수운판관도 감지덕지한 일이었다. 사임당은 뜻밖의 행복한 운수에 너무도 기뻤고 당사자인 이 공의 기쁨도 이루다 말할 수 없었다. 혹시나 하고 이기 숙부댁을 드나들던 때도 있었는데 50이라는 지천명의 나이에 말단 벼슬이지만 국록을 받게 되는구나 싶어 감회가 새로웠다. 부부는 몹시 즐거웠다. 어머님이 조금만 더 사셨어도 이 기쁨을 같이 누릴 수 있었는데 진정 안타까운 일이었다. 사임당은 강릉 어머께 어서 알리자고 하였다. 얼마나 기뻐하실까. 아들 율곡이가 초시에 급제했을 때도 누구보다 기뻐하시던 어머니이시다.

❖ 삼청동으로 이사하다

시어머님이 작고하신 지 2년째가 되어 대상(大祥)을 지내고 그 이듬해인 명종 6년(1551년) 초봄에 10여 년 동안 살아온 수진방에서 삼청동으로 이사를 했다.

자녀들도 성장하므로 집안도 좁고 또 이 공이 녹봉(祿俸)을 받아 형편도 나아지고 해서 삼청동으로 늘려가게 된 것이다. 대강 집 정리가 끝나가던 어느 저녁 무렵 사임당은 마루에 걸터앉아 온통 붉은 낙조에 물든 서쪽 하늘을 바라보고 있었다. 거지중천(居之中天:허공)에 타오르던 붉은 태양은 자신의 명을 다 한 듯이 서쪽 산등성이 뒤 곁으로 사라져 간다. 때가 되면 나도 저렇게 없어지겠지.

사임당은 시어머님의 대상을 치른 뒤 죽음에 대한 의구심이 머릿속에서 떠나질 않는다. 처녀 때부터 약했던 그 몸으로 스물한 살에 첫아기를 낳기 시작하여 서른아홉까지 일곱 남매를 낳아 길렀다. 오손도손 집안 식솔을 이끌고 그 동안 살아온 세월이다. 즐거웠던 일, 슬펐던 일, 괴로웠던 일, 보람있는 일 등등 사임당은 자신이 견디며 지내온 일들을 한굽이 한굽이 되돌아 본다. 주마등처럼 스쳐 지나가는 삶의 흔적 속에서 그녀는 한동안 정처 없이 헤맨다. 그런데 죽으면 어떻게 되는 것일까? 인간의 천수(天壽)

는 하늘이 내려 준다는데 다시 하늘이 거둬가는 것일까? 그렇다면 하늘나라에 먼저 가 계시는 외할아버님과 아버지도 만날 수 있겠지. 내가 그분들을 뵙게 되면 과연 잘 살다 왔다고 말할 수 있을까?

그녀는 문득 북평촌의 어머니 생각이 떠오른다. 어머님 저는 좋은 부모님을 만나서 행복한 어린 시절을 보냈습니다. 그리고 어머니를 제 어머니로 모실 수 있었던 것이 저에게는 가장 큰 행운이었습니다. 감사합니다. 어머니 오래도록 평안하시기를 빕니다. 그녀는 어린 시절의 추억이 담긴 경포호숫가며 오죽 동산을 차례대로 떠올리고 젊은 시절을 보냈던 봉평·파주·수진방 등을 빙 둘러보며 지난 일을 돌이켜 생각하다가 불현듯 현재의 삶으로 돌아왔다.

다행히 집도 늘렸고 아이들도 다 자라서 생활이 안정된 느낌이었다. 그러나 또 다른 문제가 사임당의 가슴을 짓누른다. 과년한 자식들은 어이하나 아이들 혼례도 못 올리고 내가 일찍 돌아가면 어이할꼬 인명도 재천이듯이 혼인의 인연도 하늘이 맺어주지 않으면 불가능한 것인가. 사임당은 온갖 상념에 잠겨 남편 이 공이 집에 들어오는 인기척조차 느끼지 못한다.

"아니 부인 무슨 생각을 그리하고 계시오"

이 공의 부름에 사임당은 그제야 비로소 정신을 가다듬는다.

신 사 임 당 의 교 육 일 기

❖ 사임당의 조언

4남 3녀를 둔 사임당의 건강은 늘 좋지 못했다. 그러한 그녀는 일찍부터 자신의 명을 미리 예견하고 있었던 것 같다. 사임당은 자신이 세상을 떠난 후의 자녀들의 장래를 무척이나 걱정했다.

그날 밤 사임당은 남편과 마주 앉아 진솔한 대화를 나누었다. 이런저런 이야기 끝에 사임당은 잠시 머뭇거리더니

"서방님 제가 부탁드릴 말씀이 있습니다."

"그래요 갑자기 무슨 말인지 이야기해 보시오"

"예 말씀드리지요. 전 어쩐지 오래 살지 못할 것 같습니다. 아무래도 서방님보다 먼저 세상을 뜰 것만 같습니다"

"아니 왜 그런 쓸데없는 말씀을 하시오"

"아닙니다. 사람이란 예감이 있는 법입니다. 만일 제가 당신보다 먼저 죽더라도 재취(再娶)는 절대로 하지 마십시오. 이미 슬하에 4남 3녀가 있습니다. 그 아이들만 장성하면 남부러울 것이 없을 것입니다."

동서고금을 막론하고 계모와 전실 자식 간에 일어나는 비극은 예나 지금이나 말로써는 표현할 수 없을 만큼 무궁하다. 물론 일부 지각이 없는 여인들의 그릇된 자격지심에 의한 일이기는 하겠지만 너무도 훤히 내다보이는 일인 것이다. 사임당은 자신이 세상

을 뜬 후의 앞일을 정확히 꿰뚫어 보고 있었다. 특히 부군 이 원수 공의 인품을 익히 알고 있는 터라 사임당으로서는 자식들의 앞날을 걱정하지 않을 수 없었다.

그러나 이 공으로선 너무나 생각 밖의 일이었고 당황스러운 제의였다.

"참 별소리를 다하는구려. 어째서 그런 불길한 말씀을 하시오."

이 공은 사임당의 제의를 부인들의 보편적인 바람으로 여겼지만, 그녀는 결코 그런 신중하지 못한 생각에서 나온 의견이 아니었다.

"제가 당신보다 먼저 세상을 떠날 것은 자명한 일입니다. 그러나 그 무엇보다도 중요한 것은 우리의 일곱 자식을 보살피고 가르쳐 키우는 일입니다. 아무쪼록 예기(禮記)의 교훈을 따라 주시기 바랍니다"

사임당의 마음가짐은 분명했다.

예기(禮記)란 오경(五經)의 하나로서 주말(周末)부터 진한시대에 이르는 고례에 관한 예법을 정리해서 수록한 책이다. 한무제 때에 하간(河間)의 헌왕이 고서 131편을 편술하여 뒤에 214편으로 된 대제례와 대덕이 다시 그것을 85편으로 줄이고 선제(宣帝) 때에 그의 조카 대성이 다시 49편으로 줄여 소대례를 편찬해냈다.

지금의 예기는 소대례를 가리킨다. 이 예기는 중국은 물론 우리

나라에서도 예로부터 그 참뜻인 인의예지신을 인류의 근본으로 삼아왔다.

사임당이 예기의 교훈을 잊지 말 것을 청하자 이 공은

"부인이 나보다 먼저 세상을 뜬다는 것은 있을 수 없는 일이지만, 그저 내가 알고자 하는 것은 성자(聖者)인 공자께서 자기 아내를 내보낸 것은 무슨 예법에 속하는 것이오?"라고 되받아서 묻는다. 이에 사임당은

"그야 공자가 노나라 소공때에 난리가 일어나서 제나라 이계라는 곳으로 피란을 하러 갔었는데 그 부인은 남편 공자를 따라가지 않고 자기 마음대로 송나라로 가버렸습니다. 그래서 생긴 일인데 그러나 공자는 그 부인과 같이 살지 않았을 뿐이지 결코 부인을 버린 것은 아니었습니다."

"그렇다면 유학자라는 증자는 어째서 부인을 내쫓은 것이오?"

"그것은 다 까닭이 있지요. 증자의 아버지가 찐 배를 좋아했는데 그 부인은 언제나 배를 잘 찌지 못해 그래서 부모님을 잘 모실 수 없다고 판단하여 부득이 내보낸 것입니다. 그러나 증자는 아내를 내보낸 뒤에도 한 번 혼인한 예법을 존중하여 다시 장가를 들지 않았습니다."

이 공은 다시 주자에 대해서 덧붙여 묻는다. 사임당은 이어서

"주자의 아내가 세상을 떠난 것은 그의 나이 47세 때이지요. 그

때 주자의 장자인 숙은 아직 장가를 들지 않았을 때입니다. 그래서 집안 살림을 돌볼 사람이 없었지만 그래도 주자는 후처를 택하지 않았습니다.”

“왜요. 서방님은 새장가를 들고 싶으십니까?”

“무슨 말씀이시오. 당신이랑 오래 살아야지 이제 그런 말은 그만하시오”

“물론 재취로 들어와도 전실 자식들을 잘 길러주고, 행복한 가정을 꾸려나가는 여인들도 있습니다만. 그게 어디 흔한 일입니까?”

“아… 알겠소. 마음 언짢게 왜 죽은 뒤의 일을 벌써 생각하시오. 인제 그만 합시다.”

사임당은 이쯤에서 말을 그쳤다. 언젠가는 해두고 싶은 말이었기에 가슴이 후련했다.

이 일화는 우복룡이 쓴 동계만록에 실린 내용을 각색한 것인데, 그는 조선 중기의 문신으로 자는 현길이며, 호는 구암·동계이고 단양(丹陽) 태생이다. 선조 25년 (1592년) 임진왜란때 용궁현감으로 있으면서 용궁을 끝까지 방어하여 그 공으로 안동부사에 오른 인물이다. 생전에 사임당이 후취를 얻지 않도록 이 공에게 단단히 부탁한 것은 물러터진 남편의 성정을 잘 알기 때문에 앞날을 훤히 내다보고 한 충언이었다. 그러나 자식들을 생각하는 사임당의 조언에도 불구하고 그녀가 48세를 일기로 세상을 떠나자 이 원수 공은 곧 기가 드센 권 씨라는 젊은 여인을 후처로 맞이하여 그로 인해 자녀들의 생활에 악영향을 끼쳤음은 무척이나 아쉬운 일이다. 그러나 한편으론 홀로 살아가야 하는 이 공의 말 못 할 사정도 있음 직하다.

❖ 꽃은 지다

화창한 초여름 날이다. 이 원수 공은 관서(關西)지방의 세곡을 배로 실어 나르기 위해 평안도로 내려갔다. 그때 이 공은 큰아들 선과 율곡 이를 함께 데리고 갔다. 아마도 아들들에게 관서 지방 특유의 구경거리나 산물 등을 보여주고 견문을 넓혀주려는 의도에서 그랬던 것 같다. 이제 가면 적어도 보름 남짓 볼 수 없을 것이다. 사임당은 세 부자의 옷가지 등을 챙겨 그들을 떠나보냈다. 그러나 이 길이 남편 이 원수 공과 두 아들에게 있어 사임당과의 영원한 이별이 될 줄은 그 누군들 상상이나 할 수 있었겠는가.

그들을 떠나보내고 나니 마음도 여유롭다. 사임당은 모처럼 따끈하게 차 한잔을 달여 마시며 자신만의 시간을 갖는다. 그런데 참 이상한 일이다. 좀 더 나은 삶을 앞에 두고서 새록새록 밀려오는 불안감은 무엇일까. 사임당은 순간적으로 솟구치는 서글픔에 진저리를 치며 몸 둘 바를 몰랐다. 왜 이럴까. 갑자기 숨이 막혔다. 죽음으로 가는 길목인가?

사임당은 정신을 잃고 마루에 쓰러졌다.

방에서 자수를 놓고 있던 맏딸 매창이 어머니를 부축해서 방으로 들인다.

"어머니, 어머니, 왜 그러세요?"

사임당은 남편과 두 자식이 길을 나선 후 곧 병을 얻어 자리에 누웠다.

맏딸 매창과 둘째 아들 번 등 자식들이 걱정 근심으로 애를 태우면서 객지에 가 계시는 아버지께 이 일을 어떻게 전해야 할지 노심초사하며 어머니 사임당의 병간호에 여념이 없다.

이틀째 되는 날 매창은 불길한 예감이 들어 동생들과 함께 밤을 밝히며 어머니 곁을 지켰다. 사임당은 삼경쯤 시름없는 표정으로 잠이 들었다. 숨결도 아주 편안했다.

"이제 좀 안정이 되려나 보다." 하고 생각하면서 마음이 놓인 매창은 동생들에게도 쉬라 이르고 자신도 어머니 곁에서 깜박 잠이 들었다.

어슴푸레 먼동이 튼 새벽녘. 희미하게 정신을 차린 사임당은 곁에 있는 매창을 일러 집에 있는 자녀들을 모두 방으로 불러들였다. 그녀는 숨을 길게 몰아쉬면서 말한다.

"내가 아무래도 다시는 일어나지 못할 것 같다. 부디 형제 동기간에 우애 있게 살도록 해라."

그리고는 슬며시 눈을 감으며, 옆으로 고개를 떨군다. 그것은 성녀의 고요한 승천이었다. 시기는 사임당이 자리에 누운 지 사흘째 되는 날로서 향년 48세 명종 6년(1551년) 5월 17일 아직 해가 밝게 뜨지 않은 새벽이었다. 유족은 부군 이 원수 공 51세, 장남 선 28세, 맏딸 매창 23세, 둘째 아들 번 21세, 둘째 딸 19세, 셋째 아들 이 16세, 셋째딸 13세, 넷째 아들 우 10세이다.

아아 어머니, 어머니 구슬프게 흐느끼는 자식들의 곡소리가 새벽하늘에 울려 퍼졌다. 일찍이 하늘은 이 땅의 모든 여인들에게 모범으로 삼아 본보기가 될 수 있는 한 여인을 내리셨다. 효심이 지극한 자식의 본, 어질고 바른 부인의 본, 자애로운 어머니의 본, 영롱한 아침 이슬처럼 찬란한 예술을 겸비한 향기로운 여인의 본 이러한 덕행의 본을 널리 알리기 위해 하늘은 티 없이 맑은 한 스승을 보내셨다. 그러나 그분은 이제 이슬처럼 허무하게 사라져 간 것이다. 그러므로 어이 비통하고 슬프지 않을 수 있겠는가. 삼천리강산 방방곡곡이 목 놓아 슬피 우는 울음소리로 그득하여 하늘과 땅 그리고 산천초목도 함께 슬퍼했다.

부군 이 공이 수운판관에 천거되고 자녀들도 성장했다. 이제 이십여 년 동안 쌓인 사임당의 노고를 풀어 버릴 그 날이 다가왔건만 모든 것 놓으시고 홀연히 가신 것이다.

이때 사임당의 혼불은 자신의 고향 마을인 강릉 북평촌으로 두둥실 날아가고 있었다. 오죽 동산이며, 경포호수, 소나무 우거진 한송정, 구름을 뚫고 우뚝 솟은 대관령과 동쪽으로 한없이 펼쳐진 동해가 서로 어울려 아름다운 풍경을 이룬 고향 마을 하늘을 유유히 날고 있었다. 바로 그때 저만치서 외할아버지와 아버지가 손짓을 한다. 그는 너무도 반가워서 그분들 곁으로 훌훌 날아들었다. 마침내 사임당은 고향 마을 하늘의 품속에서 행복의 나래를 활짝 펴고 한 번도 상상해 본 적 없는 기쁨의 세상으로 흘러들어갔다.

그때 이 원수 공과 선·이 두 아들은 뱃길로 한강 어귀로 들어오는 배의 선상에 있었다. 몇 날을 배를 타고 서해를 거슬러 오면서 세 부자는 집 생각이 간절하였다.
"자 이제 거의 다 왔으니. 짐들을 챙기거라."
아버지 이 공의 말씀에 두 아들은 옷 보따리에서 부터 가재도구 등의 일상용품을 챙기기 시작한다. 그런데 평안도에서 출발할 때 짐 속에 넣어왔던 놋그릇을 보고 율곡 선생은 깜짝 놀란다.

"이게 무슨 일입니까? 놋그릇이 왜 이렇게 색이 변했을까요?"

불과 며칠 전 주막에서 챙길 때는 누르스름한 금빛 색깔이 영롱하던 놋그릇이 새파랗게 녹이 슬고 탁한 음 빛깔로 변색이 되어버린 것이다.

이 공도 기이하게 여겼다. 분명히 불길한 징조 같아서 찜찜했지만 집에 가서 어머니에게 물어보자며 시선을 돌린다.

배가 서강 나루에 도착하자, 이 공은 대기하고 있던 관원들에게 세곡을 싫은 배를 인수인계하고 두 아들과 함께 걸음을 재촉하며 집으로 향하던 와중에 삼부자는 하늘이 무너져 내리는 사임당의 승천 소식을 들었다.

아 이 무슨 세상천지가 진동하는 소리인가. 꿈인가 생시인가. 이 공과 두 아들은 뒤통수를 얻어맞은 듯이 정신이 멍멍해진다. 그러나 아무리 원통하고 슬프고 천지가 무너져 내려도 인간의 힘으로는 거스를 수 없는 자연의 섭리인 것이다. 사임당이 영원히 세상을 하직한 것은 아무리 비통하고 애절해도 엄연한 현실이었다.

부군 이 공과 자녀들은 사임당의 영정 앞에 엎드려 다시 볼 수 없는 자애로운 사임당의 모습을 돌이켜 생각하면서 그들은 흐느껴 울었다.

가족들은 장례 절차에 따라 초혼(招魂)을 지낸다.

"평산 신씨 사임당이시여. 어서 빨리 돌아오십시오."

마지막 초혼의 소리가 처량하게 울린다. 초혼이란 사람이 임종했을 때, 그 사람이 생전에 입던 겉저고리를 왼손에 들고, 오른손은 허리 쪽에 대어 지붕에 올라서거나 마당에서 북쪽을 향해 '아무 동네 아무개 복(復)이라고 세 번 부르는 것이다.' 예전에는 죽음은 몸에서 혼이 나갔기 때문이라고 여기고 우주 공간에서 헤매고 있을 망자의 혼을 불러들여 어서 옷을 입고 깨어나라는 가족들의 마지막 애절한 시도이다. 초혼해도 다시 살아오지 않으면 그제는 단념하고 장례절차를 치른다.

사임당의 장지는 부군 이 원수 공의 선친이 대대로 살아온 파주 두문리 자운산 기슭으로 정했다.

한양에서 백여리 길 희미하게 밝아 오는 새벽 무렵에 출발한 사임당의 상여는 무학재와 백석 고개를 지나 구슬프게 부르는 상엿소리에 묻혀 장지를 향해 나아갔다.

집안의 온 가족들은 사임당과 함께 파주 밤나무골을 향해 오가던 그 길을 이제는 상두꾼의 구슬픈 요령 소리를 들으면서 상여의 뒤를 따라 슬피 울며 황톳길을 걸어간다.

16세의 어린 율곡 선생은 형제들의 틈에 끼어 어머니의 상여를 뒤따랐다. 이 세상을 한없이 오래도록 살아주시리라 굳게 믿었던 어머니 그 자비로운 어머니께서 이처럼 허무하게 떠나실 줄이야 어찌 꿈엔들 상상이나 했겠는가.

어머니, 어머니, 아 우리 어머님…

모두 땅이 꺼질 듯이 애통해하고 몸부림쳤다.

어린 율곡 선생은 어머님이 작고하신 그 해에 어머님의 일상의 행적을 담은 전기를 썼으며 대상이 끝난 뒤에는 어머님의 별세에 깊은 충격을 받고 인생에 회의를 느낀 나머지 집을 떠나 금강산으로 입산수도의 길로 들어갔다. 그러나 스무 살 성인이 된 율곡은 성현 군자들의 글을 읽고 진리를 탐구하는 것이 자신의 길인 것을 깨닫고 다시 속인의 세상으로 돌아왔다. 그리고 북평촌의 외할머니께 문안을 드리러 갔다가 자기가 태어난 몽롱실에서 스스로 경계하며 삼간다는 자경문(自警文)을 쓰면서 분기일천하여 심신을 다스렸다. 그리고 이듬해에 한양의 집으로 귀향하여 대과에 장원 급제를 하고 혼인도 해서 정성으로 가정을 꾸려나가니 어머님의 신위 앞에 얼마나 자랑스러운 아들인가.

율곡 선생에 관한 내용은 부록 2장의 율곡 선생의 교육이념 편에서 상세히 논하기로 한다.

제 2 장
사임당의 태교 및 가정교육

·
·
·
·
·
·
·
·
·
·

사임당의 태교

태교란 아이 밴 여인이 언어·행동을 삼가서 태아(胎兒)에게 절로 좋은 감화(感化)를 주는 일이다.

예부터 동양에서는 부인들에게 태교를 역설했다. 곧 여인들의 사명은 건강하고 올바른 정신을 소유한 아기를 낳는 것을 근본의 뜻으로 삼았다. 이러한 이상을 달성하기 위해 태아의 발육에 온갖 정성을 기울였다. 따라서 아이를 잉태한 여성들은 먹는 음식부터 의복·주거 활동·휴식 등의 환경적인 요인에 특별한 관심을 쏟았으며 한편으론 정신적인 면에서도 소홀하지 않았다. 아무리 신체적인 건강에 애를 쓰더라도 정신적인 면을 예사롭게 넘기면 훌륭한 아이를 낳을 수 없다는 생각에서였다.

이런 정신적인 면에 중점을 두는 것을 태교라고 일컬어 왔으며 임신부들에게 따르도록 권유하고 있다. 특히 사임당은 태교의 중요성을 강조하고 자신도 정성껏 실천한 분으로 널리 알려져 있다.

❖ 태아의 정신적인 영향

그렇다면 임신한 여성의 신체가 얼마나 태아의 정신적인 면에 영향을 끼치는 것일까? 그것은 임신부가 느끼는 모든 감정이나 정신 상태가 그대로 태아에게 영향을 미친다는 것이 지배적인 견해이다. 곧 임신부가 느끼는 희로애락이 그대로 정신적·신체적으로 태아에게 전달되며, 그 결과를 태아가 있는 그대로 전수한다는 것이다.

태교의 중요성을 강조하는 석학들은 태아에 대한 정신적인 영향은 절대적이라고 강조한다. 이것은 태아는 임신부 신체의 일부분으로서 유기적인 관계에 있으며, 몸 안에서 돌며 산소와 영양을 공급하는 혈액을 공동으로 사용하기 때문이라는 것이다. 태어난 후에는 다른 생명체이지만 엄마의 몸 안에서 태반과 탯줄로 모체와 연결되어 상호 밀접한 관계에 놓여 있기 때문에 별개의 신체로 볼 수 없는 것이다. 그러므로 임신부는 언제나 온화하면서 화기애애한 마음을 갖도록 스스로 노력해야 한다.

예전부터 내려오는 동양의 태교 사상을 유추해 보면 현대의 의학적·과학적인 견해가 총망라되어 있음을 알 수가 있다. 소학(小學)의 입교편을 보면 예로부터 부인이 잉태하면 잠을 잘 때도 옆으로 눕지 않았고 앉을 때도 몸이 한쪽으로 쏠리지 않도록 반듯하게 앉아야 하며, 일어설 때도 한쪽 발로 일어서지 않아야 한다. 음식을 섭취할 때도 육축과 오곡 이외의 나쁜 음식은 먹지 않았으며 모양이 갈라지고 온전치 못한 것도 피해야 한다. 또한 좋지 못한 것은 눈으로 보지 않아야 하고 귀로 음탕한 소리도 듣지 않아야 한다. 항상 좋은 글을 외우고 옳은 이야기만을 들으면서 바른말을 하도록 애써야 한다. 그렇게 몸과 마음을 다지며 낳은 아이는 용모가 단정하고 재능이 뛰어 난다고 언급하고 있다.

소학은 중국 송(宋)나라의 유자징이 주희(주자)의 가르침을 받아 지은 책으로서 인간이 마땅히 지켜야 할 도리 및 그에 준한 행위에 관해서 설명한 것이다. 그 책머리에 이처럼 태교를 강조한 것은 주자가 얼마나 이를 중시했는지를 알 수 있는 부분이다. 그리고 주자는 덧붙여 논하기를 아기를 가졌을 때는 반드시 마음의 자세를 좋게 지녀야 한다. 선한 마음을 가지면 선한 아기를 낳게 될 것이며 악한 마음을 가지면 악한 아기를 낳게 될 것이다. 태임은 문왕의 어머니이며 지나라 임공의 둘째 딸이다. 왕계가 그녀에게 장가를 들어 비로 삼았다. 태임은 성품이 단정하고 성실하며 덕으로써 행동의 지침을 정했다. 태임이 문왕을 잉태하면서 눈으로는 나쁜 것을 보지 않았고, 귀로는 음탕함을 듣지 않았으며 말을 조심하여 문왕과 같은 명군을 낳았다.

태임이 어린 문왕을 가르치자 하나를 알면 열을 깨우쳐 마침내 주나라를 세웠다. 이것은 오로지 태임이 어린 문왕을 잉태했을 때 태교에 힘쓴 때문이라고 한다. 주자는 이처럼 태임이 태교에 힘쓰고 실천함으로써 주나라을 이룩한 성군 문왕을 탄생시켰다며 태교의 중요성을 역사상의 실존 인물을 내세워 역설하고 있다.

예로부터 각종 문헌으로 전해져 오는 태교의 구체적인 내용을 정리하면 다음과 같다.

◎ 첫째 사물을 바라봄에 있어 좋지 않은 것은 보지 않는다.

아름다운 자연을 대하면 누구나 마음이 상쾌해지고 가슴이 탁 트여 서로 얽히고 뒤섞여 갈피를 잡기 어려운 세상살이를 잠시 잊는다. 그러나 불결하기 짝이 없는 쓰레기 더미 옆에 머물러 있다면 그 사람은 곧 속이 불편하여 한시라도 빨리 그곳에서 피하고 싶은 감정이 들게 된다. 또 사람들이 언성을 높혀가며 싸운다거나 흉악한 꼴을 목격했다면 그 장소를 떠난 뒤에도 가슴 떨리는 그 장면은 머릿속에서 지워지지 않을 것이다.

이러한 사실은 누구도 부인할 수 없는 것으로서 몸소 우리 일생의 생활에서 경험하고 있는 일이다. 인간의 어떠한 경우에 의해서 마음 안에 좋고 나쁜 반응을 일으키며 나아가 그 마음이 자신의 인체에까지 변화를 주게 된다. 그러므로 임신한 경우에는 그런 영향이 곧바로 태아에게까지 미치게 된다. 물론 일반적인 상황에도 그러하지만, 특히 임산부는 장차 출생할 아기를 위해 평화롭고 명랑하며, 고결하고 기품이 있는 것들을 보고 듣도록 애써야 한다. 또한 이상야릇하게 생긴 짐승을 보지 않는다. 날짐승이든 길짐승이든 처음 보는 희귀한 동물은 그 사람에게 깊은 인상을 남기게 되므로 어떤 사물을 보거나 듣거나 생각할 때 그 동물이 연상되어 상상력을 자극하게 된다는 것이다.

냄새도 주의한다. 코로 맡을 수 있는 온갖 냄새도 유념해야 한다. 향내는 종류에 따라 사람에게 쾌감을 주기도 하고 불쾌감을 유발하기도 하다. 특히 동물성 향료는 인간의 정신을 혼돈에 빠트려 음욕을 자극하고 식물 중에서도 백합은 감정의 꽃이라고 하여 음심을 발동시킨다. 따라서 신경이 예민한 임산부는 약간의 냄새에도 뇌수를 자극당해 매우 민감한 반응을 일으키므로 향내음에 특히 주의를 기울여야 한다는 것이다.

예부터 중국에서는 임신부들이 흰 빛깔의 옥을 깎아 반지나 목걸이·팔찌 등으로 만들어 소유하는 풍습이 있다. 백옥은 빛이 아름답고 광택이 환해서 하얀 피부를 연상하게 한다. 그러므로 백옥을 지니면 아름다운 살결을 지닌 아이를 낳게 된다는 생각에 서이다. 이런 오랜 풍습은 아름다운 피부를 백옥같이 고운 살결이라는 비유의 말에서도 감지할 수 있다.

◎ 둘째 임신부의 식사는 세심한 주의를 기울여야 한다.

평소 일상에서 먹지 않던 별스러운 음식을 피한다. 임신부는 신체의 조직·기능상의 변화로 별난 음식을 요구하기도 한다. 그러나 될 수 있는 대로 이런 음식의 섭취는 피하는 것이 좋고 음식의 과식도 절대로 금기하는 사항이다.

예부터 임신부는 토끼 고기를 금기시했다. 토끼는 입이 갈라졌다 하여 그 고기를 먹으면 언청이를 출산한다는 생각에서였다. 물론 그런 생각은 의학상의 이치로 전혀 타당성이 없지만, 임신부는 그와 같이 음식에 주의해야 한다는 표상적인 의미를 지니고 있다.

한국·중국·일본 등 동양에서는 쌍둥이의 탄생을 그리 반가워하지 않았다. 소견은 의학이 발달하지 않았고 그 시절에서 출산이 쉽지 않았던 까닭으로 여겨지는데 어쨌든 두 쪽 밤을 먹는 것을 금기시했다. 두 쪽 밤이 쌍둥이의 출생과는 아무런 관계가 없음에도 불구하고 그저 쌍둥이가 연상된다는 이유만으로 금기로 삼고 있다. 이는 임신부가 먹는 음식이 그대로 태아에게 영향을 미친다는 생각이 작용하여 과잉 해석된 경우이다.

임신부는 자극성이 강한 음식을 먹지 않는다. 매운맛·짠맛·쓴맛 등 지나치게 자극성이 있는 음식은 태아에게 불 안정성을 줌으로서 고추·생강·겨자·젓갈 등 자극성이 지나친 음식을 피해야 한다는 것이다. 특히 임신부가 술을 마신다거나 담배를 피우면 그 해독이 태아에게 직접적으로 영향을 준다는 사실은 의학적으로 증명되고 있다.

◎ 셋째 듣는 것에 유의하라.

청각으로 느끼는 소리는 사람의 마음을 들뜨게도 하고 안정시키기도 한다. 옆에서 큰 소리로 떠들거나 한숨을 쉬면서 탄식하는 등의 소리가 들려오면 듣는 사람도 곧 따라서 불안해지게 마련이다. 반대로 온화하고 차분한 음악을 들으면 마음이 가라앉아 안정을 찾게 되고 편안해진다.

슬픈 소리는 사람을 우울하게 하고 건전한 소리는 사람의 마음을 희망 있게 이끈다. 만일 어느 아기가 태내에서부터 성장할 때까지 늘 도발적인 소리만 듣고 성장했다면 그 아이는 분명히 성장해서도 도발적인 행위를 일삼을 것이다. 소리가 인간의 신경 중추의 발음체를 자극하여 그와 같은 진동수의 소리나 신경계를 환기한다고 함은 바로 이러한 경우에서이다. 저속한 가요나 언어는 상대의 마음에 불안감을 주고 격이 낮은 행동을 유발하는 원인이 된다. 그래서 임신한 여인은 허랑방탕한 속된 소리를 듣지 않도록 주의해야 한다. 유명한 음악가 모차르트는 그의 어머니가 그를 잉태했을 때 음악을 매우 좋아했다고 한다. 과연 탄생한 아들 모차르트는 후에 대 음악가가 되었으며 독일의 대 음악가 바흐는 조상 대대로 내려오는 음악가의 가정에서 태어났고, 그의 어머니 역시 임신 기간 내내 음악을 들었다고 한다. 물론 모차르트나 바흐의 경우를 말하지 않더라도 좋은 음악이 인간의 심성에 미치는 영향은 더없이 크다. 라고 하는 것은 재론의 여지가 없다.

고상하고 품위가 있는 음악이나 언어는 사람의 마음을 감화시켜 즐거운 세상에 머물도록 하는 동화작용을 한다. 그러므로 예전부터 임신부에게 시(詩)와 아름다운 가락을 듣도록 하는 것은 모두 이러한 이치에 근거를 둔 것이다.

◎ 넷째 언어는 그 사람의 정신과 내면을 표현하는 도구이다.

말이란 자기 생각과 의도를 다른 사람에게 전달하는 수단이다. 그러나 그 전달하는 방법이 도리에 맞지 않으면 화근을 불러일으킨다. 말로써 남을 깨치어 이끌어 주고 즐거움과 기쁨을 줄 수도 있다. 그러나 말을 생각 없이 마구 지껄이다 보면 남의 마음을 상하게 할 뿐만 아니라 먼저 말하는 사람 스스로의 심정을 꿰뚫어 평온한 마음을 유지할 수 없게 된다. 가끔 국가·사회에 영향을 끼치는 정치인 등 유력자가 말을 함부로 해서 언론에 오르내리고 잠정 은퇴하는 등의 곤욕을 치르는 경우가 왕왕 있다. 본인 스스로가 말 한마디 잘 못 하고 가십에 휩싸이는 고통을 겪어 내는 것이다. 따라서 쓸데없는 말과 행동을 삼가고 바른말 하기에 힘을 쓸 것이며, 음흉·음침·음탕한 언어는 입에 담지 않아야 한다.

말 한마디에 천 냥 빚을 갚는다는 옛 격언이 말해 주듯이 이것은 임산부뿐만이 아니라 우리 모두에게 해당되는 부분이다. 그래서 옛 위인들은 말을 하기 전에 먼저 상대방이 그 말을 어떻게 받아들일지를 생각하고 되도록 남의 감정을 해치지 않는 선상에서 언어를 사용해야 한다고 설파하고 있다.

◎ 다섯째 자세와 움직임은 임신부가 가장 주의해야 할 사항이라고 설명한다.

예부터 임신한 여인은 옆쪽으로 눕지 않아야 하며 앉을 때도 몸을 비틀어 앉지 말고, 한 발로 일어서지도 말라고 가르쳤다. 옆으로 눕거나 몸을 비틀면 곧 태중의 아기가 불편할 것은 물론이고 발육에도 지장이 있을 것이다. 또 엎드려 눕지도 않아야 한다. 임산부가 엎드려 눕기를 자주 하면 태아에게 압박을 가해 발육에 크게 해로울 것은 자명하다. 그러므로 항상 바른 자세로써 몸을 유지하여 태아에게 편안함을 주어야 한다는 것이다. 걸을 때도 바른 자세로 걸을 것이며 높은 곳에 오르지도 말고, 험한 길을 걷지도 않아야 한다.

심신을 정체시키지 않아야 한다. 이것은 임신한 여성이 한 가지의 일에 장시간 몰두하여 몸과 마음을 한 곳에 체류하게 하는 것은 금기 사항이다. 따라서 임산부는 어떤 일에 온 정신이 다 팔려 생기를 정체시키는 것은 금물이라고 의학적으로도 역설하고 있다.

태교의 가장 기본적인 중요성은 임산부의 감정 변화에 두고 있다. 인간의 마음의 흐름은 시시때때로 변화한다. 이성과 감정이 겹쳐져서 한시도 멈추지 않는 것이다. 그러므로 임산부는 신체적·생리적인 감정의 변화를 잘 다스려 가급적 평온한 마음을 유지할 수 있도록 노력해야 한다.

중국 송나라 때의 유학자인 주자는 "부인이 임신을 하면 반드시 느낌을 삼가라. 선을 느끼면 곧 선이고 악을 느끼면 반드시 악이니라." 하고 밝혀서 말하고 있다.

중국 전국 시대의 철인(哲人)인 맹자의 어머니는 맹모삼천지교로도 잘 알려져 있지만, 부인이 아기를 잉태하여 당연하게 지켜야 할 도리는 석부정(席不正)이다. 라고 논하면서 임산부의 몸가짐을 바르게 할 것을 힘써 말하고 있다. 한편 마땅히 따르고 지켜야 할 본보기로는 인간이 그 자식을 가르치는 것은 곧 자손의 사리를 깨닫게 설명하여 인도하는 것이다. 사람은 태어나기 전에 어머니의 태안에서 열달 동안 머문다. 그 때문에 태어난 아기는 얼굴 모습이나 성품이 그 어머니를 닮지 않을 수 없다. 성현들이 태교를 중시하는 까닭은 바로 이러한 연유에서이다. 라고 맹자의 어머니는 논하고 있다.

중국 전한(前漢) 시대의 회남왕이자 철학자인 유안이 저술한 회남자〈현재 보존되어 있는 것은 21권으로 정식명칭을 회남홍렬(淮南鴻烈)〉에 기록된 내용을 보면 여인이 모습을 바르게 하고 보는 것을 한가지로 하면 마땅히 따스하고 화창한 기운이 머무를 것이다. 여인이 지(知)를 얻고 법도를 지키면 마침내 하늘이 이(利)에 이를 것이다. 라고 설하고 있다.

과연 이 바르게(正)라고 하는 말은 모든 사람에게 절대적으로 요구되는 이상으로서 그것은 바로 법도(法度)와 일치하는 주장이다. 이 바르게 라는 글귀에는 참뜻이 있다. 그 안에 행동거지·마음씨가 훌륭하고 갸륵한 덕이 내포되어 있기 때문이다. 그것은 심성과 행동을 바르게 갖도록 최대한의 노력을 기울여서 사물의 이치를 논리적으로 생각하고 판단하는 능력을 길러 그것이 모태의 아기에게 바른 영향을 줄 수 있도록 하려고 함이다.

"또 바르게 라는 말은 이 세상에 존재하는 모든 인간들에게 반드시 필요한 문구이다. 물론 현시대의 각박한 사회에서 살아남기 위해서는 수단과 방법을 가리지 않고 살아가야 하겠지만 끝까지 살아남아 성공하는 사람들의 면면을 보면 바르고·지혜롭고·열심히 사는 사람들의 경우가 결국 그러하다는 것을 필자가 수많은 사람들의 상담을 통해 부지기수로 목격했던 바이다."

고려말의 충신이자 대학자인 정몽주의 어머니 이씨 부인이 지은 태중훈문(胎中訓文)의 기록을 보면 여인이 아이를 잉태하면 옛 성현들의 발자취를 더듬어 가르치심을 익히도록 애쓰고 늘 높이 받들어 우러러보면서 자기도 그와 같은 성인군자를 낳기를 기원하고 보통 사람들이 지킬 수 없는 일을 행해야 한다. 라고 논하고 있다.

조선 시대 숙종 때의 정치인이자 학자인 송시열이 쓴 계녀서(誡女書)를 보면 '부녀자가 임신했을 때에는 먹고 마심을 주의하고 잠을 잘 때도 바르게 누워 몸을 단정히 하면 곱다래진 아기를 낳을 수 있다. 대부분 자식은 어머니의 성품을 닮게 마련이다. 열 달 동안 어머니의 태 안에 있으므로 그것은 너무나 당연한 일인 것이다.' 라고 하며 태교의 종요로움을 기록하고 있다.

이처럼 예로부터 알려져 내려오는 태교의 본질과 그 요긴함을 정리하면 의·과학이 진보된 근래에도 예로부터 전해져 오는 태교가 얼마나 소용적인지 다시금 느낄 수 있게 되었으며, 현시대의 관점에서 돌아보는 예전의 태교가 얼마큼 과학적인 방법이었는가를 새삼 알 수 있는 부분이다.

이처럼 중요한 태교에 대해서 사임당은 일찍이 그것을 깨치어 알게 되는 지혜가 있었다.

사임당이 그처럼 몸과 마음을 바르고 맑게 가지며 태교에 힘쓴 끝에 전한 시대의 유안이 밝혀 말했듯이 "임산부가 지식을 얻고 법도를 지키면 마침내 하늘의 뜻이 이에 머물게 되어" 율곡 선생과 같은 대학자를 출생할 수 있게 되었다. 사임당이 율곡 선생 같은 걸출한 인물을 낳게 된 것은 결국 우연한 일이 아니라는 것을 알 수 있다. 오로지 사임당이 쌓아 올린 정성이 열매를 맺어 회남자의 기록에서처럼 하늘의 뜻이 그의 몸에 머물러 그런 결과를 얻게 된 것이다.

그렇게 태어난 율곡 선생 역시 나이 40세 때 선조의 명을 받들어 군왕의 도를 밝히는 성학집요(聖學輯要)를 편찬하였는데 그 중의 자녀 교육 편을 보면 예로부터 부인이 잉태하면 옆으로 누워서 자지도 않고 비스듬히 앉지도 않았으며 한쪽 발로 일어서지도 않았다. 그리고 이상야릇한 음식이나 모양새가 바르지 않은 것은 먹지 않았으며 눈으로 보고 귀로 듣고 입으로 말하는 것도 옳고 바른 것만을 취하였다. 이처럼 자고·앉고·서고·보고·먹고·말하고 행동하는 일이 모두 올바르면 탄생하는 아기의 형체와 용모가 단정하고 재능이 출중하다고 기록하고 있다.

이처럼 임신부들께서는 지금까지 논한 태교에 열중하여 모든 면에서 출중한 아기를 낳을 수 있도록 간절히 기원한다.

2

사임당의 가정교육

　　　　　　가정교육이란 가정에서 집안
어른들의 일상생활을 통해 자녀가 받는 영향과 교화를 말
한다. 예전에는 오늘날과 같이 학교 제도가 발달하지 못했
기 때문에 모든 교육은 가정에서부터 시작되었다. 따라서
본 편에서는 자녀교육에 대한 사임당이 지닌 교육 정신과
복잡다단한 현대의 사회에서 대인 관계를 위한 첫 번째 덕
목인 성격과 품성의 형성 과정에 대해서 필자의 소견을 논
하기로 한다.

　앞 본문에서 언급했듯이 사임당은 어려서부터 사서오경(논어·
맹자·대학·중용·시경·서경·역경·예기·춘추)을 배우고 익혀 높
은 학문의 경지에 이르렀으며 또한 사임당은 당시 사대부 집안 부
녀자들의 필독서인 내훈(內訓)을 즐겨 읽었다.

　논어는 공자의 이상적 도덕인 인(仁)의 뜻과 정치·교육에 대한

의의 등이 담겨 있는 유교의 경전이며 대학은 유교의 삼강령과 격물·치지·성의·정심·수신·제가·치국·평천하의 여덟 조목을 기록 설명한 책으로써 증자 또는 자사가 지었다고 전해진다. 중용은 천인합일을 설하고 과불급이 없으며 어느 한쪽으로 치우침이 없는 중용의 덕과 덕의 도를 강조한 유교의 종합적인 해명서로서 송나라의 정이천이 별책으로 만들었고 후에 주자가 장구(章句:문장의 단락)를 만들어 사서에 편입하였다. 맹자는 그의 제자가 맹자의 언행을 기록한 책으로써 맹자가 각국을 유력하면서 왕도를 펼치려 했으나 뜻을 이루지 못하고 돌아와 제자들과 학문을 강론하면서 이전의 유력할 때의 제후 및 제자와의 문답을 기록한 책이다. 오경은 유학에서 성인의 술작으로 존중되는 다섯 가지의 경서이다.

사임당은 공자와 맹자의 가르침에 깊이 공감하고 친히 그 가르침을 지키려 애를 썼으며 자녀들의 교육에 있어서도 공맹학의 가르침을 주지시키고 지각·인식하도록 노력을 기울였다.

❖ 내훈(內訓)

내훈은 집안의 부녀자들에 대한 훈계나 교훈으로서 3권 4책으로 구성되어 있으며 조선 시대 성종의 대비인 한 씨가 소학·열녀·여교·명심보감 등에서 역대 여성들의 가정교육에 규범이 될 만한 내용을 추려내어 언해를 붙여 성종 3년(1472년)에 간행된 서적이다.

한 씨 부인은 원래 좌의정을 지낸 한확의 딸이며 성종이 왕위에 오르자 인수대비에 진봉되었고, 후에 다시 소혜왕후로 추대 되었다. 소혜왕후는 엄격한 문중에서 부녀가 지켜야 할 덕행을 배우며 자랐기 때문에 성품이 엄숙하고 예의에 바르며 효심이 지극하였다. 소혜왕후는 궁 안팎의 여인들에게 부덕의 소치에 대해서 늘 정성스럽게 훈시하였고, 옛 성현 군자들의 삶과 가르침을 도야하여 후대의 사람들에게 본보기가 되고자 노력하였다.

내훈의 구성 내용은 우리가 모두 갖추어야 할 덕목인 언행·효심·혼례·부부·의논 수렴·화목·청렴과 검소 등의 일곱장으로 되어있다. 내용이 복잡하지 않으면서도 옛 위인들의 공과 업적을 더듬어 서술하였으므로 누구든 쉽게 대할 수가 있다. 사임당은 겨를이 있을 때마다 내훈을 읽고 그 속뜻을 깊이 새기어 보면서 삶의 여정에 대한 초석으로 삼았다.

내훈의 요점을 정리하여 소개하면 첫 번째 장 언행 편의 서두에는

사임당의 가정교육

◎ 첫째 장 이씨 여계(李氏 女戒:이 씨가 마련한 부녀자에 대한 교훈서)에서 논하기를 "마음속에 간직하고 있는 생각이 감정이요. 입 밖으로 내놓는 생각이 곧 말이다. 말이란 영예와 치욕의 중요한 바탕이요. 가까워지고 멀어지는 중대한 단락이다. 또한 말은 굳어진 사이를 떼어놓아 주기도 하고 달라진 사이를 결합해 주기도 하며 원한 관계를 맺기도 하고 원수 관계가 일어나게도 한다. 큰 것은 나라를 뒤엎고 가정을 망치기도 하며 작은 것은 혹, 육친(六親)을 서로 멀리 떨어져 나가게 만들기도 한다. 이런 까닭으로 현명한 여자가 입을 삼가는 것은 부끄러움이나 헐뜯음을 불러들일까 염려하기 때문이다. 그래서 혹은 높은 어른의 앞에 있을 때나 혹은 한가로운 곳에 있을 때 늘 응답하는 말을 지나치게 하거나 아첨하는 말을 하지 않았으며, 잘 상고하지 않은 말을 입 밖에 내지도 않았고 희롱하는 일 같은 말을 하지 않았으며, 더럽고 어지러운 말에 끼어들지 않았으며, 혐의를 받을 만한 일에 참견하지 않았다."라고 하였다.

언행 편에는 이와 같은 말과 행실에 관한 글귀가 34가지가 실려 있다.

◎ 둘째 장 효친의 13번 항목인 백유읍장(伯俞泣杖:한백유는 효성이 지극하여, 어머니로부터 종아리를 맞아도 아프지 않다고 하며 어머니의 늙음을 통탄한다는 고사) 편에서 이르기를, 백유가 잘못

한 일이 있어서 그의 어머니가 매를 때렸더니 백유가 울었다. 그의 어머니가 묻기를

"전에 매를 들 때는 울지 않더니, 지금 우는 까닭은 무엇이냐?"

하니, 그가 대답하기를

"제가 전에 잘못을 저질러서 매를 맞을 때는 늘 아팠는데, 지금은 어머니의 힘이 모자라 능히 저를 아프게 때리지 못합니다. 그런 까닭으로 울었습니다."라고 하였다.

그러므로 부모가 노여워할 때 불쾌한 생각을 하지 아니하고 불쾌한 낯빛을 나타내지 아니하며, 잘못에 대한 책망을 달게 받아 부모가 가엾게 여기게 하는 것이 가장 좋은 태도이고, 부모가 노여워할 때 불쾌한 생각을 하지 아니하고 불쾌한 낯빛을 나타내지 않는 태도가 그다음이며, 부모가 노여워할 때 불쾌한 생각을 하고 불쾌한 낯빛을 나타내는 것이 가장 나쁜 태도인 것이다.

효친 편에는 어버이에게 효도하는 일에 관한 글귀 23가지가 실려 있다.

◎ 셋째 장 혼례 편 첫머리의 혼의(昏義:예기의 한 편 명, 곧 혼례에 관한 예절이라는 뜻)에 대하여 설하면…

"혼인하는 예절이란, 곧 두 성씨의 남성과 여성이 즐겨 결합하여 위로는 조상의 사당을 섬기고, 아래로는 자녀를 낳아 후세를 이어

나가는 일이므로 군자는 이를 중대사로 여겼다. 이러한 연유로 혼례에는 납채(納采:신랑 될 사람의 집에서 신부 될 사람의 집에 혼인을 청하는 예절), 문명(問名:혼인하려는 사람들이 서로 성명, 생년월일, 부의 가문, 지체, 형편 등을 알아보는 예절), 납길(納吉:신랑, 신부 되는 사람의 집에서 모든 조건이 합당하다고 승낙하고 통지하는 예절, 곧 신랑 될 사람의 집에서 신부 될 사람의 집으로 사주단자(四柱單子) 같은 것을 보내는 예절), 납징(納徵:혼인하는 증표로 신랑 될 사람의 집에서 신부 될 사람의 집으로 폐백을 보내는 예절, 청기(淸氣:혼례식을 올리는 날짜를 결정하여 통지하는 예절)를 하는데 이날에는 주인이 돗자리를 사당에 깔아 놓고 문밖에서 절을 하며 맞아들이고, 들어오면 읍하고 사양하며 사당에 올라서 그 분부를 듣는다. 이것은 혼인의 예절을 공경하고 삼가며 중히 하고 바르게 하는 까닭이다.”라고 하였다.

혼례 편은 혼사에 관한 예절 10가지가 실려있다.

◎ 넷째 장 부부 편은 상편과 하편으로 나뉘는데 상편에는 남편과 아내에 관한 글 12가지를 싣고, 하편에는 4가지를 실었다.

부부란 곧 남편과 아내의 도리는 음양의 정기가 잘 배합되어 천지신명에 사무친 것이니. 진실로 하늘과 땅의 광대한 뜻과 인륜의 큰 예절이다. 이러한 연유로 예기(禮記)에서는 남자와 여자의 교제를 고귀하다 하였고, 시경(詩經:오경의 하나)에서는, 관저(關雎:시경의 한 시편, 남녀의 사랑을 새에 비유하여 노래한 시) 곧 남녀가 사랑하는 뜻을 나타냈다. 이에 따라 말한다면 부부의 관계를 중하게 여기지 않으면 아니 된다.

"남편이 어질지 않으면 아내를 잘 거느릴 수 없고, 아내가 어질지 못하면 남편을 잘 섬길 수 없다. 남편이 아내를 잘 거느리지 못하면 그 위의(威儀:위엄이 있는 용의, 엄숙한 몸차림)가 망가지고 무너지며, 아내가 남편을 잘 섬기지 않으면 그 의리가 추락하고 없어져 버린다. 바로 이 두 가지 일은 그 쓰임이 하나같다.

지금 군자들을 살펴보면 다만 아내를 잘 거느리지 않으면 안 된다는 것과 그 위의를 잘 정리하지 않아서는 안 된다는 것을 알고 있다. 이런 까닭으로 그 남자를 가르치되 글월을 통해서 몸가짐을 잘 다잡게 하는 것이다. 그러나 여자는 그 남편을 잘 섬기지 않으면 안 된다는 것과 예절과 의리가 갖춰져 있지 않아서는 안 된다는 것을 알지 못하고 있다. 그 까닭은 다만 남자만 글을 가르치고 여자는 글을 가르치지 않아서, 역시 남자와 여자에 대해 헤아림을 가려 놓았기 때문이다."

예기(禮記:오경의 하나)에서 논하기를 "여덟살이면 비로소 그에게 글을 가르치고, 열다섯 살이면 학문에 뜻을 두게 하였다."라고 하였는데, 유독 이 뜻을 본받지 않으려 함이 옳은 것인가.

하편, 한나라 포선의 아내 환씨의 이름은 소군이다. 라는 내용을 보면 포선은 일찍이 소군의 아버지에게로 나가서 글을 배웠는데, 그의 아버지는 포선이 총명하고 청고(淸高)함을 기특하게 여겨 그 딸을 아내로 삼게 하였고, 결혼할 때 혼수와 재물도 매우 성대하게 마련해 주었다. 그러나 포선은 이를 기쁘게 여기지 아니하고 아내 소군에게 말하기를,

"소군은 부유하고 교만하게 살아서 아름답게 꾸미는 것을 익혀왔으나, 나는 실로 가난하고 천하여 감히 예로써 감당할 수 없겠습니다." 하니, 소군이 말하기를

"아버님께서는 선생이 덕행을 닦고 검약을 지킨다고 생각한 까닭으로 천첩으로 하여금 수건과 빗을 들고 모시게 하였습니다. 이미 군자를 받들게 하였으니 오직 정성을 다하여 분부를 따르겠습니다." 하니 포선은 미소를 지으며 말하기를,

"능히 그와 같이 한다면 이는 곧 나의 뜻 그대로 입니다."라고 하였다. 그리고 아내 소군은 바로 시종과 재물을 모두 집으로 돌려보내고 다시 짧은 옷으로 갈아 입고 신랑 포선과 함께 거친 수레를 끌고 그의 고향으로 향했다.

그는 시집에 도착해서 홀로 계시는 시어머니께 절하는 예절을 마치고 곧 물동이를 들고 나가서 물을 긷고, 부녀자가 행할 올바른 도리를 잘 닦고 실행하니 고을과 나라에서 칭송이 자자하였다.

부부편의 상편에는 남편과 아내에 관한 글귀 12가지가 실려있고, 하편에는 4가지가 실려있다.

◎ 다섯번째 장 어머니의 도의편 7번째 항목인 맹모삼천지교(맹자의 어머니가 맹자를 가르치기 위해 세 번 이사했다는 고사)를 논하면 맹자의 어머니가 그 집을 공동묘지가 가까이에 마련하고 살았더니, 맹자가 어렸을 때 놀이하는 행동이 묘지 근처에서 이루어지는 일을 흉내내어 곡하고 달구질하며 무얼 땅에 묻는 시늉을 하였다.

맹자의 어머니는 "여기서는 아이를 데리고 살 곳이 아니다." 라고 말 하고, 즉시 그 곳을 떠나 저자거리로 옮겨 살았다. 그랬더니 맹자는 그 놀이하는 행동이 물건을 흥정하고 사고 팔고 하는 짓을 흉내냈다. 맹자의 어머니는 "여기서도 아이를 데리고 살 곳이 아니다."하고 곧 집을 버리고 글방 곁으로 옮겨 살았다. 그랬더니 놀이하는 행동이 담 넘어에서 들려오는 글을 따라 읽고 땅 바닥에 글을 쓰는 시늉을 하며, 읍 하고 절하고 사양하고 나아가고 물러서는 흉내를 내었다.

맹자의 어머니는 "이곳이야 말로 진정 아들을 데리고 살만한 곳이로구나."하며 드디어는 그 곳에서 자리를 잡고 살았다.

맹자가 어릴 적 어느 하루는 "동쪽 집에서 돼지를 잡는데 무엇

하려는 것입니까?"라고 물었다. 어머니는 답하기를 "너를 먹이려고 그러는 것이다."하였다. 그리고 곧 스스로 깨닫고 말하기를 "예전에는 태교가 있었는데, 지금 마침 그 내용을 알고 있으면서도 이행을 않는다면 이는 믿지 않는 일을 가르치는 것이 되겠구나." 하고 다음 부터는 돼지고기를 사서 먹였다.

맹자는 자라서 학문하는 길로 나아가 위대한 유학자가 되었다.

어머니의 도의편에는 어머니의 행실에 관한 글귀 14가지가 실려 있다.

◎ 여섯번째장 화목편의 1번째 항목인 여교에서 이르기를 "저 사제(사제:동서, 형제의 부인이 서로 부르는 호칭) 곧 동서는 형제와 같은 처지이므로, 인정과 의리의 두터움이 다른 사람과 같이 여기기 어렵다."

혹 정숙하고 현명한 동서를 만나면 서로 감동하고 사모하는 마음이 일어나서 힘을 다하여 잘하게 되고 또 함께 늙어가기를 기억하게 되지만, 혹 흉악하고 사나운 동서를 만나면 서로 망년된 뜻이 서로 가하여져서 다만 스스로 자신들의 잘못을 알고 책망하기에 바쁘니 어느 겨를에 남을 염려하겠는가!

두 쪽 모두 강한 것들이 서로 부딪치면 반드시 한 쪽은 부러지는 법이니, 이에 대응하는 것이 부드러우면 거의 그 모자람을 온

전하게 보전할 수 있을 것이다. 그러므로 동서끼리는 내가 오로지 공손한 태도를 가지고 그 사납고 오만한 것을 견디어 나가고, 내가 오직 먼저 은덕을 베풀어서 저쪽의 잘못에 보복하지 않도록 해야 한다. 그러기 위하여 사소한 이익을 가지고 다투어, 형제 동서 같은 지친의 가까운 사이를 어긋나게 하지 말아야 할 것이다. 지친의 사이가 뜻대로 안된다면 유익함이 어찌 족하다 말하리오?

"사람이 혹은 일찍 죽고 혹은 오래 사는것을 거스릴 수도 없고 힘으로 빼앗아 가지려고 한들 뒤에 누구에게 이어질지 알겠는가. 사람이 함께 모여 사는 백년 동안이라야 잠깐 사이에 지나는 것이니, 장점을 다투고 단점을 다툰다고 한들 어찌 하려는 것인가." 라고 설했다.

화목편에는 친척과 화목에 관한 글귀 9가지가 실려있다.

◎ 일곱번째장 청렴과 검소편의 2번째 항목을 풀어서 밝히면 호문정공(송나라 때의 학자)이 논하기를 "사람은 모름지기 일체의 세상 살아가는 맛을 담박하게 하는 것이 이로운 것이지, 부유하고 귀한 형상을 요구하는 것은 아니다."

맹자는 이르기를 "여러 길 되는 넓은 집과 식전방장 곧 호화롭게 차린 음식과 시첩(상전을 모시는 여인들) 곧 수백명 시중드는 여자들을 내 마음대로 할 수 있다. 하더라도 나는 그렇게 하지 않을 것이다."라고 하였는데, 학문하는 사람들은 모름지기 먼저 이런 생각을 없애버리고 늘 스스로 분발해야 곧 뜻한 것이 잘못되지 않을 것이다.

제갈공명(삼국시대때 촉한의 충신)

그는 한나라 말기에 몸소 남양에서 밭을 갈며 벼슬하는 것을 구하지 않았는데, 뒤에 비록유선주(촉한을 세운 임금 유비. 자는 현덕) 곧 유현덕의 부름을 이에 응하였다. 그러나 산하는 갈라져서 천하는 세 나라 (촉한, 오나라, 위나라를 일컬음)로 나누어지고, 후에 몸소 장수이자 재상을 도맡아 손에 막대한 군권을 잡았으니 무엇을 구한들 얻지 못하고 무엇을 하려고 한들 이루지 못하였으랴! 그러나 그는 후주(촉한의 2대 임금 유선:유비의 아들)와 이야기할 때 "신은 성도에 뽕나무 800그루와 박전(토박한 땅) 15경(백이랑)이 있으므로 자손들이 입고 먹고 살기에는 스스로 넉넉합니다.

"신은 몸은 늘 밖에 있어서 별로 집안에 각별히 갖춰논 것도 없고, 별달리 생계를 다스려서 척촌 곧 조그만 재물도 마련하지 않았습니다. 신이 만약 죽는 날에는 창고에 곡식이 남아 있게 하거나, 곳간에 재물이 남아 있게 하여 폐하의 뜻을 저버리게 하지 않겠습니다."라고 하였다. 그런데 그가 죽었을 때는 과연 그의 말과 같았다. 그러므로 이와 같은 무리는 진정 대장부라고 말할만

하다 라고 내훈의 청렴편에서 설파하고있다.

사임당은 이러한 내용을 통하여 여성의 아름다운 미덕을 바탕으로 마음가짐과 몸가짐을 갈고 닦아 정신속에서 명심하고, 뼈속에 아로새겨 날마다 거룩하게 될 것을 다짐하였다.

❖ 사임당의 자녀교육

사임당은 자녀교육에 있어 경우에 따라서는 매우 엄한 면이 있었다. 4남 3녀의 자녀들은 어머니로 부터 받은 가르침을 반드시 일상하는 행동으로 실천을 해야 했다. 율곡 선생이 기록한 어머님의 전기에 의하면 사임당은 매사의 옳고 그름이 분명했다고 한다. 간간히 부군 이 원수 공과 자녀들의 부주의로 잘못이 있을 경우에는 그때마다 바로 허물을 고치도록 권고하면서 그들의 의견 또한 청취했다고 한다.

실지로 자녀교육은 옛 부터 많은 부분이 어머니에 의해서 이루어졌다. 이는 자녀들과 함께 있는 시간이 많기 때문이다. 그러나 대부분의 어머니들은 정리에 이끌려 자식의 잘못을 엄하게 훈육하지 못한다. 자녀교육이 너무 정에 치우치다 보면 도저히 바른 교육을 실시할 수가 없는 것이다. 그러나 모든 기록을 토대로 유추해보면 사임당은 자녀교육에 있어서 사랑하는 마음과 엄격함을 조화있게 실천한 분이었다고 여겨진다.

사임당은 자녀들이 한결같이 우애를 지키며 살아갈 것을 간절히 바랐다. 사임당은 그 염원을 이루기 위해 공자의 가르침을 자손들에게 가르치기에 힘썼다. 오륜(五倫)의 하나인 형제지간의 우애를 실현시키는 것이 부모된 입장에서 하나의 큰 과제였다.

효성과 형제간의 우애를 함께 묶어서 효제라는 문구로 일컫는다. 효제란 부모님께 효도하고 형제지간은 우애한다는 의미이다. 부모에게 효성스러운 자는 반드시 형제지간에도 우애가 두터운 것은 당연한 일이다. 나아가 효제충신(孝悌忠信)란 글귀가 있다. 이것은 부모에 대한 효도와 형제끼리의 우애, 군주에 대한 충성, 벗 사이의 믿음을 통틀어 이르는 말이다. 따라서 효는 가히 모든 행실의 으뜸이요 근본임을 새삼 깨닫게 한다. 또한 우리는 효로써 인간만사의 모든 행실의 초석으로 삼은 공자의 현묘한 이치에 공감을 느끼지 않을 수 없다.

사임당은 자녀들에게 우애롭게 지낼 것을 가르치면서 가끔씩 본문에서 논한 장공예의 이야기를 들려준 것으로 사료된다. 이는 율곡 선생이 아홉 살 때 이륜 행실도를 그려 어머니를 기쁘게 했다는 사실에서 알 수 있다. 율곡 선생은 어머님 사임당이 늘 형제간의 우애와 의리를 강조하며 추구하는 이상으로 여기자. 그것

신사임당의 교육일기

에 자극을 받고 분발하여 장유(張幼)와 붕우(朋佑)의 도리에 관한 이륜 행실도를 그림으로 그려서 어머니를 즐겁게 한 것이다. 실제로도 율곡 선생은 어머니의 뜻대로 형제지간에 우애있게 지내기 위해 많은 애를 썼다.

청렴결백을 생활신조로 삼은 율곡 선생은 오랜 기간 벼슬을 지냈지만 집안 형편은 그리 넉넉하지 못했다. 선생이 황해도 해주 석담에 가까스로 집을 마련하고 생활이 조금 안정이 되자 일찍 세상을 떠난 맏형 선의 부인인 형수 곽씨와 네명의 조카들을 불러 함께 살면서 형의 사당에 제사 지내기를 빼놓지 않았다. 이후 다시 한양으로 올라 와서도 형의 가족 돌보기를 자신의 가족처럼 대하여 어머님의 유지를 받들었다.

공자는 "형제가 서로 우애를 다하면 위의당당하리라."고 논했다. 이어서 인간이란 서로 도우며 사는 것이 갸륵한 덕행이며 아름다운 일이다. 그러므로 한 어버이의 몸에서 태어난 동기간이 화목하게 지내는 것을 어찌 아름답다고 하지 않을 수 있겠는가 라고 덧 붙였다. 이 처럼 공자의 사상과 철학은 평화와 애민정신에 바탕을 둔 것으로서 사임당과 아들인 율곡 선생은 그의 가르침을 구현하고 솔선수범하기에 지극히 애썼음을 알 수가 있다.

다음으로 사임당은 자녀들에게 성실과 신의를 근본으로 한 가정교육을 행하였다. 인간관계나 또는 어떠한 일을 행함에 있어 성실과 신의를 지켜나가면 반드시 그 보답은 자신이 받게 된다고 가르쳤다.

인간 사회는 더불어 살아가는 사회이다. 가족·이웃·친우·조직 구성원 등 사람과 사람과의 관계 속에서 살아가고 있다. 그러므로서 타인과의 인간관계가 원만하지 못하면 곧 불신을 받게 되고 종내는 배척을 당할 것이다. 그러나 성실과 신의로서 임한다면 반드시 신임을 얻고 그에 대한 보답이 돌아온다고 가르쳤다. 또한 성실은 자기자신에 대해서도 요구된다고 하였다. 만일 자신이 학문을 닦고 무슨 일을 행함에 있어 성실하지 못하면 먼저 학문이 이루어질 수 없으며 그가 목적한 어떠한 일도 결실을 맺지 못하게 될 것이다. 따라서 그 사람의 행동에서 성실함을 요구하는 것은 바로 자기 자신을 위하는 것이다, 라고 밝혀서 말하고 있다.

사임당은 자녀들에게 학문을 익힐때나 모든 대인관계에서 항상 성실함을 행동으로써 실행하라고 일렀다. 마음이 성실하지 못한 사람은 자기 자신부터 속이는 사람이며 모든 일이 거짓되어 그 어떠한 일도 이룰 수 없다고 주지시켰다. 또 성실은 참이며 진실이라고 말했다. 참 속에는 거짓이 없으며, 거짓이 없는 곳에서 선이 나오고 그것이 비로소 진정한 기쁨이라고 논했다. 또한 성실은 하늘이 제시하는 길이며 인간의 참된 도리라고 가르쳤다. 이러한 가르침 속에서 자란 사임당의 자녀들은 결코 남을 속일 수 없었고, 자신을 속일 수 없었으며 남에게 지탄받는 사람이 될 수가 없었다. 사임당은 이러한 가정 교육으로써 율곡 선생 같은 성현을 탄생시켜 횃불을 피워 밝히고 많은 우매한 사람들을 깨우치도록 한 것이다. 또한 사임당은 자녀들에게 신의를 존중할 것을 일러두었다.

사람이 친구와 사귀되 자신의 언행이 소홀함이 없는 그런 신의가 있는 사람이라면 비록 그가 배움이 없는 사람일지라도 나는 그를 선생이라고 칭할 수 있다. 이 글귀는 논어의 학이 편에 나오는 공자의 말씀이다. 이 신의는 작게는 개인과 개인, 크게는 자신과 국가와의 약속을 지키는 일이다.

❖ 의(義)와 이(利)

의(義)는 사람으로서 행하여야 할 바른 도리를 일컫는다. 대의(大義)는 마땅히 행해야 할 큰 도리 곧 자신의 이익을 돌보지 않고 큰 의를 지키는 것을 말한다.

사람이 자신의 사사로운 이익을 위해 친우와의 신의를 저버리는 일을 배신이라고 한다. 그리고 개인의 자기자신의 이익을 위해 나라의 국익을 손상시키는 행위를 하는 자를 국적이나 역적 또는 매국노라고 부른다.

율곡 선생은 진정으로 신(信)과 의에 투철한 분이었다. 그는 조정에 나가 공인으로서 행세함에 있어서도 사욕에 눈이 어두워 흔들린 바가 없었다. 이러한 율곡 선생의 신과 의를 받드는 정신은 바로 사임당의 애민(愛民)정신 그대로 였다. 율곡 선생은 일곱살 적 부터 옳고 그름에 대해 의분을 느낄 줄 아는 분이었다. 선생이 일곱살 때 이웃에 사는 탐욕스러운 고관대작인 진복창을 규탄하는 글을 지어 주위 사람들을 놀라게 했음은 널리 알려진 일화이다. 그러나 정의감은 절로 우러나오는 것이 아니었다. 어머니 사임당의 불의에 항거하는 정신과 교훈이 그대로 율곡 선생의 뇌리에 자리 잡았기 때문이다.

실제로 사임당은 조금도 불의와 타협하지 않는 대쪽 같은 분이었다. 진즉 부군 이 원수 공이 재상으로서 당대의 세도가이자 인척간인 이기의 집에 드나들 때도 그것을 극구 만류했다. 이기는 세도와 명성과 부를 얻었지만 불의와 결탁하여 숱한 선비들을 죽음으로 몰아 넣은 악한 사람이었다. 그러나 이공은 이기의 권세를 빌어 벼슬을 얻기 위해 그와 가깝게 지내려 했던 것이다. 예사로운 부인이었다면 어떻게든 자신의 안위를 챙기라고 독려했을 것이다. 더구나 많은 자녀를 거느린 곤궁한 생활은 더욱 그러한 욕구를 억제하기 어려웠을 것이리라 그러나 이 원수 공은 사임당의 완곡한 권유를 받아들여 이기의 집 출입을 단념했고 이기가 탄핵 당할때 엮이지 않을 수 있었다. 이러한 사임당의 정신은 의를 숭상하고 불의와 함께 하지 않는 강한 의지의 끝맺음이었던 것이다.

율곡 선생은 후학들에게 이르기를

학문을 닦는 자는 무엇보다도 먼저 의(義)와 이(利)의 분별을 명확하게 밝혀야 한다. 의는 어떤 이익을 취하기 위해서 행동하는 것이 아니다. 만일 선비가 어떤 일을 행함에 있어서 조금이라도 자신의 이익을 위해 처신한다면 그는 도둑의 무리와 다를바가 없다. 따라서 당연스레 이기심을 경계해야 할 것이다. 또한 선을 행하면서 명성이 자자하기를 원한다면 그것은 이를 마음에 둔 자로서 그런 행위자는 도둑보다도 더 악한 자라고 할 것이다. 그러므로 배우고 익히는 자는 당연히 티끌 만큼도 자신의 이익에 욕심을 내서는 안될 것이다.

옛 사람들은 부모님을 모시기 위해 힘든 일을 마다하지 않고 품팔이를 하며 등짐을 지고 다녔지만 그런 일을 조금도 고통으로 여기지 않고 오히려 청렴하게 생각했으며 단연코 이와 불의에 물들지 않았다. 라고 강조했다.

이러한 율곡 선생의 의에 대한 사상은 어머니 사임당의 정신 세계와 조금도 다름이 없다. 그리하여 선생은 생전에 여러 직위의 관료생활을 거쳤지만 세상을 떠났을 때는 집 한 칸도 없었다. 이에 친지와 제자들은 선생의 유가족을 위해서 각기 추렴을 하여 가까스로 살림 집을 장만했다는 이야기는 후대의 자손들에게 주의를 환기시키는 바가 매우 크다. 사임당이 생전에 논한 "비록 헐벗고 굶주리며 여린불에 손을 쬐더라도 결코 불의·부정·부패와는 손을 잡아서는 안된다."라는 꿋꿋한 의지가 곧대로 율곡 선생에게 이어져 부귀와 탐욕에 눈을 돌리지 않는 군자가 된 것이다.

우리는 이러한 정신을 이어받아 자신의 사익을 취하기 위해 친구를 저버리고 사회를 저버리고, 국가를 저버리는 농단질을 해서는 안 될 것이다.

역사는 사리(私利)를 위해 국가와 민족을 배신하는 자들을 철저히 기록하고 있다. 오늘날에도 일신의 영달을 위해 조국에 대한 신의를 저버리는 역적들을 우리는 볼 수 있다. 사익을 위해 민족의 가슴에 대 못을 박고, 외세와 결탁하여 국가의 장래를 어지럽히는 국적들도 있다. 그런 자들은 한결같이 겉모습을 화려하게 치장 하고, 입으로는 국가와 국민의 안위를 걱정하면서 자신들의 추악한 행위를 감추고 세상을 속이고 있는 것이다. 그러므로 우리는 자신의 신의를 지키기에 애쓸 뿐만 아니라. 애국자인척 꾸미고 행세하는 위정자들에게도 속지 않아야 한다.

옛 격언에 난세가 영웅을 만든다. 는 말이 있다. 모든 가치관이 뒤섞이어 옳고 그름을 가름하기 힘든 작금의 세태에서 우리 모두가 사임당의 덕을 기리며 그녀의 가르침을 본 받으려는 마음의 자세는 실로 건전한 판단이 아닐수 없다.

❖ 성격(性格)의 형성

사회성과 자기 개발 능력은 개개인의 성격과 밀접한 관계가 있다. 따라서 자녀들의 발전적인 성격을 형성하는 데는 가정 환경과 부모의 역할이 아동의 정서 발달에 지대한 영향을 미치므로 이를 심리 환경적인 측면에서 논하면 다음과 같다.

성격이란 언어나 행동을 통하여 나타나는 개인의 특성 또는 일하는 태도의 본질적 특징 및 통일적인 언동의 근본 경향을 일컫는다. 밝고 명랑한 성격 암울한 성격. 성격이 맞지 않다. 성격이 부드럽다. 꽉 막힌 성격이다. 등등으로 표현 되는데 밝고 명랑한 성격은 사회에서 성공할 수 있는 초석이 되는 것이고 감정이나 의지의 통제력에 결함이 있는 성격은 사회에서 고립을 자초하여 결국 도태될 수 밖에 없다. 따라서 자녀들의 성격이 유익한 방향으로 형성될 수 있도록 부모들의 세심한 배려가 요구된다.

아이들의 환경은 자기가 어떠한 자아 개념을 발달시킬 것인가를 결정하는 중요한 요소이다. 자아 개념이 학습이 되듯이 대부분 성격의 형성도 학습된다. 따라서 자녀의 환경이 그 성격 특유의 본질을 결정하는데 중요한 역할을 한다. 또한 유아기에 있어서 자녀의 생활 환경은 가정에 한정되어 있기 때문에 그 아이가 어떤 특유의 성격을 갖추는가를 결정하는데 있어 일차적인 중요성을 갖는 이들은 가족인 것이다.

❖ 성격의 형성에 끼치는 가정의 영향

부모 자식 간의 인격의 유사성은 모방에 의한 학습의 결과임을 증명하는 연구들이 많이 나와있다. 따라서 자신의 인생에 대해 고무적이고 긍정적인 견해를 가진 엄마는 자녀들로 하여금 바람직한 행동 양상을 발달시키게 한다. 지쳐 고달픈 모습으로 짜증을 내며 집에 들어오는 아버지는 자녀들로 하여금 바람직하지 못한 행동 양상을 유발시킬 뿐 아니라 더 심각한 것은 온 집안의 분위기를 우울하게 만들기 십상이다. 시간의 흐름에 따라서 이런 행동 양상은 반드시 자녀의 성격 형성에 반영이 되고 마는 것이다. 부모가 자녀의 성격 발달에 지대한 영향을 미치는데 대해서는 의문의 여지가 없다. 그리고 주위의 다른 친지들도 역시 영향을 미친다. 조부모, 삼촌, 형제, 자매, 친우 가까이 지내는 동네 아주머들 까지도 아이들의 발달시킬 성격의 형태를 결정하는 데 영향을 미치는 것이다. 그들이 얼마나 많은 영향을 끼칠 것인가는 그들이 아이들과 보내는 시간 및 아이들에 대한 애정의 강도에 달려있다.

성격 형성을 위한 이상적인 가정 환경은 모든 식구들이 행복하고 만족해 하며 조화를 이루는 가정 환경이다. 그리고 모든 가족들이 존중되고 나이에 따라 적당한 권리와 책임을 갖는 가정 환경이다. 또 부모가 지배하려 하지 않고 가족 구성원들 끼리의 괴롭힘이 허용되지 않는 가정 환경이다.

할아버지, 할머니, 삼촌, 고모, 이모 혹은 사촌들과 밀접한 접촉을 갖는 아이들은 부모와 형제 자매로 가족의 규모가 단출한 집안의 아이들보다 아기자기하고 즐겁게 지낼 기회가 많다. 그래서 그들은 여러 부류의 사람과, 여러 연령층의 사람들에게 적응할 줄 알게 된다. 이렇게 자란 아이들은 보편적으로 사회적이고 외향적인 성격을 발달시키게 된다, 더불어 이상적인 가정은 자녀들로 하여금 안정감을 갖게하고 자기가 가족들로 부터 사랑을 받고 있다는 점을 깨닫도록 해 주어야 한다. 또한 남들이 기대하는 일을 해내려는 노력에 대해서 자녀들이 자신감을 갖도록 칭찬과 격려를 해 줘야 한다. 항상 잘잘못을 들어 따진다면 자녀가 품었던 자신감은 눈녹듯이 사라진다. 자기가 귀찮고 쓸모없는 존재라는 느낌은 자녀에게 고착된 열등감을 발달시킬 수 있는 기초를 마련해 주는 첩경이다.

❖ 아동의 정서(情緒)

정서란 심리학적으로 본능을 기초로 하여 일어나는 희노애락등의 감정 또는 그때의 정신상태를 일컫는다.

초기의 아동기가 정서적 연령이라는 사실에 대해서는 의문의 여지가 없다. 일생을 통해서 다른 어떤 연령에서보다도 이 시기에 정서적 표출이 더욱 더 격렬하고 빈번하다. 왜냐하면 어린 아동은 아직 사회적으로 기대되는 행동을 알지 못하기 때문이다. 그 아동이 사회적 환경에 넓혀가고 집 밖에서 사람들과 접촉이 많아져 감에 따라 아이는 사람들이 기대하는 바를 알게 되어 화가 났을 때 발로 차거나 때리거나 물어뜯는 등의 행동, 놀랐을 때 도망가서 숨는 행동 혹은 행복할 때 기뻐 날뛰거나 소리 지르는 등의 격렬한 정서의 표출을 억제하게 된다.

❖ 아동의 정서는 성인과 어떻게 다른가?

어린 아이의 정서는 사춘기나 혹은 성인의 정서와 매우 다르기 때문에 어린 아동의 정서를 이해하기 위해서는 이러한 차이점을 정확히 이해해야 한다. 이제부터 어린 아동과 성인의 정서의 차이에 대해서 설명하고자 한다.

첫째, 성인에 비해 아동의 정서는 격렬하다. 성인들이 그의 정서를 통제하려고 애쓰는 반면 아동은 그러한 노력을 하지 않는다. 예를 들어, 아동은 성이 나면 화를 내고 다툰다.

둘째, 아동의 정서는 격렬한 표출을 통하여 야기되고 표현되지만 무슨 일인가 채 알기도 전에 사라져 버린다. 대조적으로 성인의 정서는 소위 분위기라는 형태로 상당히 오래 지속된다.

아동의 정서가 순간적인 성격을 갖는데 대한 설명은 아동의 기억과 관심의 발달 상태에서 발견할 수 있다. 전형적으로 아동의 관심은 이것에서 저것으로 쉽게 전환 된다. 예를 들면, 엄마의 휴대폰을 갖고 놀 수 없어 화가 났을 때, 엄마가 손거울을 보여주면서 어떻게 자기 자신을 볼 수 있는가 설명해 주면 즉시 화가 풀어지는 것이다.

마찬가지로 아동의 기억은 성인의 기억보다 발달 정도가 낮다. 따라서 아동은 강한 정서적 체험까지도 즉시 잊어버린다. 그는 악의를 품지 않으면 걱정되는 일에 대해서 깊이 생각하지 않는다. 왜냐하면 다른 것에 정신이 팔려 곧 잊어버리기 때문이다.

셋째, 아동의 정서는 일시적이다. 아이는 어떤 정서 상태에서 다른 것으로 마치 요술쟁이의 막대기처럼 옮아 다닌다. 웃음에서 울음으로, 심한 공포에서 호기심으로, 사랑에서 미움으로 변하는 것은 아동들에게 있어서 공통된 체험이다. 반대로 성인에 있어서 정서는 보다 지속적이다. 성인은 화가 나면 그의 분노의 강도에 따라서 몇 분, 몇 시간 혹은 며칠간 계속해서 노여운 감정을 풀지 못한다. 화나는 일을 더 많이 생각하면 할수록 그의 분노는 더욱더 지속적일 것이다.

❖ 초기 아동기의 전형적 정서

큰 집단의 아동에 대한 과학적 연구에서 우리는 초기 아동기에 공통적으로 체험하는 정서에 대한 중요한 지식을 많이 얻어낼 수 있다. 즉 그러한 정서를 야기시키는 책임은 무엇이며 그러한 정서는 어떻게 표출되는가에 대한 지식을 얻을 수 있는 것이다. 이러한 지식으로부터 이제 우리는 초기 아동기 전형적 정서 행동이란 어떤 것인가를 알게 된다.

이러한 지식을 통하여 우리는 정서적으로 흥분하고 비사회적으로 행동하는 어린 아이가 문제라는 생각을 없앨 수 있을 것이다. 더구나 이러한 지식은 정서적 표현 의 다른 형태를 기대할 수 있는 실마리를 제공해 준다.

아동의 어떤 정서는 아동이 그러한 정서를 통해서 행복을 느낀다는 의미에서 기분 좋은 것이다. 애정과 기쁨 혹은 행복과 같은 정서는 기분 좋은 정서이다. 그리고 분노와 공포, 질투 등의 정서는 불쾌하며 혼란되고 편안하지 않은 정서이다. 지금부터 초기 아동기 중요한 정서를 하나하나 논의 하고 그 각각의 정서에 있어서 일반적인 원인과 전형적인 행동에 대해 논하고자 한다.

❖ 분노

아동기에 있어서 가장 공통적 정서는 분노이다. 아동은 성인의 필요나 요구에 적합 하도록 제한된 환경 속에 있는 자신을 발견한다. 그의 바람이 항상 좌절되면 반항한다. 자기가 좋아하는 대

로 행동하도록 허용되지 못하면 못할수록 아동은 점점 더 흔히 그의 반항을 분노의 표출을 통하여 나타낸다.

어떤 놀이에 열중하고 있을 때 밥을 먹으러 가야 한다는 것, 갖고 놀고 싶은 장난감을 빼앗기는 것, 먹기 싫은 것을 먹어야 하는 것 혹은 엄마가 집안의 다른 곳에서 일을하고 있는 동안에 혼자 있어야 된다는 것 등이 공통적으로 분노의 원인이 된다.

아동이 나이를 먹어감에 따라 아동에게 더 많은 제한이 가해진다. 또한 점점 더 아동으로 하여금 사회적으로 용납되는 방법으로 행동하도록 요구한다. 이러한 것들은 보다 분노를 유발하는 상황인 것이다.

화난 아동의 전형적 행동은 성질부리기의 형태를 갖는다. 분노의 표출이 통제되지 않으므로 아동은 발로 차거나 발을 구르거나 펄쩍 뛰거나, 때리거나, 집어 던지거나, 소리 지르거나, 마룻바닥을 뒹굴거나, 숨을 쉬지 못해 얼굴이 새파래지거나, 신경질 적으로 울거나 한다.

이런 모든 행동은 자기 멋대로 행동하는데 대한 방해를 극복하기 위한 것이다. 그러한 행동이 어른들을 성가시게 하거나 당황하게 하기 때문에 아동을 조용하게 하기 위해 어른들은 아동이 원하는 것을 주게 된다. 따라서 아동은 곧 원하는 것을 얻기 위해서 빠르고 좋은 방법이 성질부리기라는 사실을 알게 된다.

성질부리기가 격렬하기는 하지만 오랫동안 지속되지는 않는다. 그 시간은 주로 원 하는 것을 얼마나 빨리 얻느냐에 따라 1분에서 5분 정도 이다. 정상적이고 건강한 모든 아동이 성질부리기를 경험하는 연령은 두 살 즈음부터 시작해서 세 살이나 네 살 사이에 절정에 달한다.

벌을 받거나 사회적으로 승인되지 않거나 혹은 성질부리기가 효과가 없다는 사실 을 알게 됨으로써 분노의 표현이 통제되면, 아동은 그 대신에 뾰루퉁해 지거나 입을 삐죽거리거나 깊이 생각하거나 말하기를 거부하는 등의 항거를 한다.

❖ 아동기에 흔한 공포

인간은 어린 아동인 시절에 다른 어떤 시기에 있어서 보다도 공포를 많이 갖는다. 지능이 발달되고 전에 겁내던 것이 대부분 무해하고 두려워 할 필요가 없다는 것을 이해하게 되면 공포심은 사라진다.

공포는 대부분 놀라운 체험의 여파이다. 자기 키 보다 깊은 물에 빠져서 고생한 아동은 물에 대한 공포심을 형성하기 쉽다. 마찬가지로 고소 공포증은 흔히 계단을 기어오르다가 떨어져 고생한 체험 때문에 생긴다. 아동이 준비 없이 갑자기 예기치 못 한 일을 당하면 공포심이 야기된다. 박제 인형처럼 무해하게 보이던 동물이 갑자기 입을 벌리고 짖거나 으르렁거릴지도 모른다. 혹은 앞발로 할퀼지도 모른다. 어린 아동은 이런 일에 대해 아무런 준비가 없기 때문에 놀라게 된다.

아동에게 공통적인 공포는 동물에 대한 공포, 떨어지는데 대한 공포, 혼자 있는 것에 대한 공포, 불안정한 걸음거리에 대한 공포, 낯선 사람, 시끄러운 소리 (특히 귀에 거슬리는 금속성의 소리) 그리 고 낯선 장소에 대한 공포 등이다.

어떤 것에 있어서나 공포는 아동이 정신적으로 적응 혹은 준비가 없었다는 사실에서 원인을 찾을 수 있다. 나이를 먹어감에 따라 아동은 지능이 보다 더 발달하기 때문에, 급작하고 예기치 못한 일에 대해서 보다 쉽사리 적응할 수가 있다. 따라서 공포는 점점 줄어들게 된다.

어린 아동의 공포행동은 비교적 한정적이고 명백한 양상을 띤다. 공포행동은 공포심을 야기하는 대상으로부터 후퇴하려는 시도로 특징 지워진다. 아기가 기거나 걸을 수 있기 전에는 팔다리를 몸으로 끌어당기며 머리를 돌리고 눈을 감는다. 아기는 귀 갑속으로 숨어버리는 거북이처럼 행동하는 것이다. 아동의 움직이는 힘이 발달되면 그는 기거나 걷다가 마침내 달아남으로써 공포를 일으키게 하는 것으로부터 자신의 몸을 피하는 것이다.

일반적으로 어린 아동은 놀라며 숨는다. 문 뒤에, 가구, 나무, 사람 혹은 이용 가능한 모든 것 뒤에 숨는다. 숨을 곳이 없다면 그를 놀라게 하는 것을 보지 않을 수 있도록 머리를 돌려 손으로 눈을 가린다. 공포에 수반되는 행동은 흐느껴 울거나 잠시 숨을 죽이거나 하던 일을 그만두는 것 등이다.

❖ 수줍음

수줍음은 낯선 사람과 함께 있거나, 낯익은 사람이 이상한 옷을 입고 있을 때(예를 들어 어머니가 집안에서 입는 옷 대신에 모자를 쓰고 코트를 입었을 때) 혹은 낯선 곳에 있을 때 생기는 일종의 공포이다. 수줍음은 낯선 것에 쉽게 적응할 수 없기 때문에 일어난다. 모든 아동의 생애 중에 수줍음이 비교적인 반응으로 나타나는 특정한 기간이 있다. 18개월에서 2살 사이에 소위 수줍은 나이인데, 수줍음은 매우 공통적일 뿐 아니라 매우 현저하다.

초기 아동기의 또 다른 수줍어하는 시기는 어린이가 주일학교, 유치원, 보육원 혹은 학교 저학년 때 낯선 곳이나 낯선 사람들에게 적응해야만 할 때이다. 수줍은 아이의 행동은 공포를 느낄 때의 행동과 매우 비슷하다. 아동은 도망가서 숨고, 금방 울듯이 얼굴을 찌푸리는 것이다. 그러나 낯선 것은 호기심을 불러일으키고, 그 아동은 보고 싶은 충동을 억제하지 못하는 것이다.

아동이 자기를 해치려는 것은 없다는 사실을 알게 되면 그는 점점 용감해져서 숨은 곳으로부터 마침내 빠져나온다. 그리하여 아이는 새로운 상황에 적응한다. 이런 일은 5분 혹은 10분쯤 걸릴 수도 있는데 보통은 그보다 적은 시간이 든다.

❖ 질투

질투는 아동이 애정을 받는 위치를 다른 사람에게 빼앗겼다고 생각할 때 갖는 분노와 밀접한 관계가 있다. 초기 아동기 질투의 가장 공통적인 원인은 어린 동생이 태어나 가족의 시간과 관심을 빼앗는 것이다. 종종 질투는 부모가 자녀 중의 한 아이를 편애하기 때문에 일어난다.

질투가 가장 흔히 일어나는 시기는 2살에서 5살 사이이다. 두 살 전에는 아동의 정신발달이 충분하지 않기 때문에 가족 관계의 변화를 깨닫지 못한다. 2살에서 5살 사이의 아동은 가족 관계의 변화를 충분히 인식하지만, 그의 이해력이 충분히 발달 하지 못했기 때문에 가족들이 아기에 대해 관심을 갖는 것은 아기가 너무 미약한 탓이지, 자기에 대하여 관심을 갖지 않는 탓이 아니라는 것을 이해하지 못한다.

아동이 5살이 되면, 그의 관심은 넓어진다. 그는 자기 나이 또래의 아동들과 교우 관계를 갖는다. 그는 더 이상 교우 관계를 완전히 성인들에게만 의존하지 않기 때문에, 어른들의 관심과 어른과의 관계를 그전처럼 이룰 수 있다. 결과로 차차 질투도 사라진다.

질투는 성질부리기가 분노의 무제한적인 표현인 것과 다름이 없다. 그러나 질투는 분노와는 달리 항상 어떤 사람에 대해서 나타 난 다는 것이 성질부리기와 다르다. 특징적으로 질투는 때리고 차고 물거나 꼬집거나 할큄으로써 상대방을 상하게 하는데 있다. 가끔 질투를 느끼는 아동은 초기 아동기의 행동, 예를 들어 잠자리에 오줌을 싸거나, 손가락을 빨거나, 먹기를 거부하거나, 아픈 체 하거나 전에는 잘하던 일을 하기 겁내거나, 잘못하는 척 하는 행동으로 되돌아가기도 한다. 종종 질투는 일반적 인 장난을 통해서도 나타난다. 어떤 경우에 있어서나 아동은 관심을 끌려고 한다.

❖ 행복

건강한 아동은 보통 행복하다. 환경이 비우호적이거나 기분 나쁜 정서를 야기 시키지 않는 한 건강하면 행복한 것이다.

행복은 주로 미소 짓거나 웃음을 통해서 나타난다. 아동이 매우 행복하면 입을 크게 벌리고 환하게 웃는다. 이렇게 소리로 요란을 피울 뿐 아니라 흔히 손뼉을 치고 펄쩍 뜀을 뛴다. 어린 아동이 자기를 행복하게 하는 사람이나 물건을 껴안는 것은 당연하다. 많은 어린 아동이 몇 분 동안 크게 웃고 마룻바닥에 쓰러져 누워서는 강아지처럼 뒹군다. 그리고 신체적인 피곤 때문에 가만히 누워서 숨을 가쁘게 내쉰다.

❖ 애정

애정은 행복과 마찬가지로 행복한 반응을 가져온다. 그러나 아동이 누구에게나 자연적인 애정을 갖는다는 증거는 없다. 반대로 아동이 사람이나 인형이나 혹은 기분 좋은 관계를 맺는 물건들을 사랑하는 것은 학습되는 것이라는 근거가 많다. 아동의 신체적 요구를 보살펴주는 사람들, 아동과 함께 놀아주는 사람들, 대체로 아동을 기쁘게 해 줄 책임이 있는 사람들을 아동은 좋아하게 될 것이다.

❖ 가정에 대한 애정

일반적으로 아동들은 아버지보다 어머니에 대해서 더 애정을 느낀다. 작금의 사회에서 특히 도시에서는 아버지는 하루 종일 밖에서 일한다. 대체로 어머니가 아동의 요구를 보살펴주고 생활이 아동에게 기분 좋은 체험인가 아닌가 살펴보게 된다. 반대로 하루 종일 어른들과 접촉하는 아버지는 아동의 행동을 성인들의 수준에서 판단하려 든다. 아동의 행동이 호의적으로 측정되지 않기 때문에 그러나 논리적으로 아동에게 어른들처럼 행동하도록 기대할 수는 없는 것이다. 아버지들은 대게 참을성이 없는 경향이 있다. 자연히 아버지는 인기가 없고 어머니의 보다 참을성 있는 태도가 어린 아동들에게 인기 있게 되는 것이다.

어린 동생을 친절하게 대해주지 않고 형제간에 질투를 느끼는

아동은 그런 태도가 좀 더 관용적이었으면 그 동생으로부터 받을 수 있었을 애정을 받을 수 없게 된다.

마찬가지로 할머니는 "네 엄마가 어렸을 때 그런 행동을 하면 볼기짝을 때려줬단다"라고 말해줌으로써 비호의적인 태도를 보였다면, 방문을 할 때마다 잘 대해 주고 아동의 잘못에 대해서 관용적이고 이해하려는 태도를 가진 조부모들이 손녀로부터 받는 애정만큼의 사랑은 받지 못할 것이다.

❖ 애정의 표현

아동의 애정은 사랑하는 사람이나 사물에게 자발적으로 애무하고 껴안고 입 맞추고 함으로써 표현된다. 어린 아동은 애완동물을 거칠게 다루는 양상이 있는데, 애완동물이 그러한 태도를 친절히 받아들이지 않는 다면 아동은 더 이상 애완동물을 사랑하지 않을 것이다. 마찬가지로 아동은 박제 동물과 인형을 껴안고 입 맞추다가는 아무렇게나 내동댕이를 치고 마는 것이다.

초기 아동기를 통하여 애정은 당황하는 기색 없이 자발적으로 표현되며 다른 사람 들이 애정을 표시해도 당황하지 않는다. 아동이 학령기가 되기 전까지 자신의 애정 행동을 통제하려고 시도를 하지 않는다.

❖ 호기심

어린 아이들은 동물과 마찬가지로 새롭거나 이상한 것을 보면 자발적으로 호기심을 갖는 경우가 있다. 새로운 것이 낯설고 이상하다면 잠시 공포를 느끼지만 오래 계속되지는 않는다. 공포심이 없어지면 호기심은 아동을 사로잡게 되고 호기심이 만족될 때까지 계속해서 탐색한다.

어린 아동들은 여러 가지 사물에 대해 호기심을 갖는다. 어린 아동들로 하여금 호기심을 갖게 만드는 것은 어느 정도까지는 아동이 살고 있는 환경에 달려있다. 그리고 어떤 것들은 환경과는 관계없이 거의 항상 호기심을 불러일으키게 한다.

호기심이 생겼을 때, 아이는 탐색하고자 하는 자연적인 경향으로 말미암아 관찰하게 된다. 호기심을 갖게 하는 대상을 다루다가 그 대상에 포함된 위험을 깨닫지 못 하기 때문에 가끔 다치기도 한다. 아동이 불에 손을 대보거나, 밑의 길거리에서 일어 나는 일을 알아보려고 창문 밖으로 몸을 내밀거나 하는 등의 일이다.

탐색하다가 다치기 쉬운 탓에 대부분의 가정에서 어른들은 아동들이 탐색하려하면 말리는 것이 보통이다. 그러나 이것은 아동에게 불행스러운 일이다. 왜냐하면 탐색은 아동이 살고 있는 세계에 대한 지식을 얻을 수 있는 매우 중요한 경로이기 때문이다. 그러므로 아동이 다치지 않도록 주의 깊게 감독하면서 아동으로 하여금 탐색하도록 격려하는 것이 현명한 방법이다.

❖ 정서적 균형

모든 아동은 이상 설명한 모든 정서를 가끔씩 경험하게 된다. 불행하게도 훨씬 많은 아이들이 공포, 분노, 질투 등의 불쾌한 정서를 행복, 애정, 호기심 같은 유쾌한 정서보다 많이 체험한다. 그 이유는 아동의 생활에서 아동을 행복하게 해주기보다는 불안하게 하는 요인들이 더 많은 까닭이다.

어떤 정서가 어린 아동을 사로잡게 되면 어린 아동의 성격에 큰 영향을 끼친다. 그가 다소간 분노나 질투를 갖게 되면, 그는 자기 자신을 항상 다른 사람들로부터 이용당 하는 순교자인 것처럼 생각하기 시작할 것이다. 이러한 생각은 화난 행동이나 얼굴의 성난 표정에 표현되는 심한 격분으로 발전된다.

반대로 아동이 주로 기분 좋은 정서를 체험한다면, 그는 자기 자신을 사랑받고 환영받는 사람으로 생각하게 되고, 따라서 다른 사람들에게 우호적이고 외향적인 태도를 갖게 될 것이다. 이러한 태도는 그의 얼굴 표정에 나타난다. 그는 행복하기 때문에 행복해 보이는 것이다. 일상생활에서 아동으로 하여금 유쾌한 정서만 체험할 수 있도록 환경을 조절하기 는 불가능하다. 초기 아동기에는 그의 환경이 주로 가정에 국한되므로 환경을 조절 할 수 있을지도 모르지만 아동의 환경이 가정 밖으로 확대되면 그가 직면하는 상황이나 사람들을 통제하기가 불가능해 지는 것이다.

그런 까닭으로 아동은 성격 발달에 최소한의 손상을 받고 최대한 이익을 얻을 수 있도록 모든 정서에 대해 반응하는 방법을 배워야만 하는 것이다. 즉 아동은 성격에 손상을 받지 않을 수 있도록 불쾌한 정서를 인내하고 받아들이는 방법을 배워야 한다. 예를 들어, 좌절(挫折)을 인내하는 경우, 아동이 처음에는 좌절의 원인이 되는 생활의 제한을 받아들일 줄 알아야 한다. 누구든지 언제나 제 마음대로 행동할 수는 없으며 누구든지 모든 사람의 행복을 위해 만들어진 법칙을 지켜야만 한다는 것을 배워야 하는 것이다.

이와 마찬가지로 아동도 그렇지 않을 경우 질투를 불러일으키는 상황을 인내하고 받아들이도록 학습을 해야 한다. 아동에게 적절하게 설명을 해준다면 엄마가 자기보다 어린 동생에게 더 많은 시간을 바치는 까닭은 아기가 자기보다 더 무력하기 때문이라는 것을 이해할 것이다.

　가능하면 언제든지 아동이 유쾌한 정서를 체험할 수 있도록 장려하고 불쾌한 정서를 유발하는 상황을 조절하기 위해서는 집에서나 이웃에서나 모든 노력을 다 기울여야 한다. 그렇게 하면 정서의 균형이 유쾌한 방향으로 기울어진다. 유쾌한 정서가 아동의 생활을 지배하면 할수록 아동은 더 잘 적응하게 된다.

❖ 정서의 효과적 이용

　정서란 유전적(遺傳的)인 천성(天性)의 일부인 까닭에 완전히 제거될 수는 없다. 많은 정서들은 생활에 기쁨을 더해줄 뿐 아니라 생활에 대한 적응을 도와주기 때문에 정서를 근절하려고 노력하는 것은 바람직한 것도 아니다. 예를 들어 공포를 이용할 줄 아는 아동은 위험이 있을 때 조심하지만 위험하지 않은 것에 대해서는 정서적인 에너지를 낭비하지 않을 것이다.

　정서를 어떻게 효과적으로 사용할 것인가를 배움에 있어 한 가지 중요한 도움이 되는 것은 정서의 격렬한 표출의 원인을 제거하는 데 있다. 부모들은 다음에 설명하는 상황을 아동들로 하여금 피하게 함으로써 아동을 이끌어 주는 것이 좋다. 그러한 표출은 아동에게 유익하지 못한 행동을 낳게 하고, 다른 사람들에게 적응하는 데도 방해가 된다.

효과적 정서의 사용을 학습함에 있어 가장 중요한 문제점의 하나는 자극받은 정서를 어떻게 표현해야 하느냐에 대해 배우는 일이다. 어린 아동에게 내맡겨두면 사회적으로 승인되던 안 되던 상관 않고 내키는 대로 정서를 표현하는 경향이 있다. 화가 나면 성질부리기에 빠져버리고 혹은 호기심이 생기면 다른 사람의 것이라도 탐색하려 들 것이다.

지도를 통해서 아동은 사회적으로 용납되는 행동으로 정서를 표출할 수 있게 된다. 그러나 이것은 흔히 어떠한 정서를 억압하는 의미를 갖는다. 예를 들어 놀랐을 때 달아나 숨으려는 자연적인 경향을 억압하여 소위 겁쟁이라는 말을 듣지 않으려 한다.

정서를 억압하는 해로운 영향을 피하기 위해서 아이는 적당한 시기에 정서를 그에게 말로 표현하고 사람들을 이해하는 기회를 가져야 한다. 아동이 언짢아 하며 화를 낼 때에는 그에게 왜 화를 내는 가에 대해서 말할 기회를 주어야만 한다. 정서를 언어화함으로써 아동은 그러한 정서로부터 억압되어 있는 정서적 에너지의 체제를 깨끗이 할 뿐 아니라 훨씬 중요한 것은 그러한 정서를 야기시킨 상황에 대한 자신의 견해를 새롭게 가지게 되는 것

이다. 예를 들면, 어머니가 그 이유를 설명해 주면 어머니가 왜 자기보다 동생에게 더 많은 시간을 할애하는가에 대해서 좀 더 잘 이해하는 것이다. 이것은 야기된 정서를 제거하기 위해 효과가 있을 뿐만 아니라 동시에 아동에게 문제점에 대한 보다. 성숙한 통찰력을 주어 장차 비슷한 상황에서 질투를 느끼게 될 경우를 없애버리게 할 수도 있다.

❖ 행동 양상의 조절

아동이 아무런 마음의 준비도 없이 어떤 상황에 부딪히게 되면 대부분 정서의 격렬한 표출을 야기 시킨다. 아마도 아동이 상황을 예견했었다면 정서성은 나타나지 않을 것이다. 이러한 사실은 공포에 대해 설명할 때 강조한 바 있다. 아동에게 공포를 주는 것은 대상 자체가 아니고, 그 대상이 갑작스럽고 예기치 못하게 아동에게 나타났기 때문인 것이다. 정서적 표출의 원인이 준비가 되어있지 않은 탓이라면, 논리적으로 다음과 같은 결론을 얻을 수 있다. 아동의 에너지를 고갈시키고 좋지 않은 행동을 초래하는 정서적 표출을 피하려 한다면, 그러한 상황에 대해 마음의 준비를 할 수 있도록 사전에 대비를 해야 한다.

아동은 어리고 경험이 부족함으로 닥쳐올 상황에 대해 예측하지 못한다. 그러므로 유아기 아동의 정서적 표출을 초래하는 상황을 예측하고 조절해 주는 것은 아동과 관계있는 어른들의 책임이다.

그러기 위해서 어른들은 아동으로 하여금 행동 패턴 후에 그러한 행동(行動)이 얼마나 쓸모없고 해로운가를 발견했을 때는 이미 근절하기 어려워져버리고 마는 행동 양상(樣相)을 형성하지 않도록 도와주어야 한다. 그렇게 하면 아동은 귀찮은 상황을 자각할 줄 알게 되고 조만간에 다른 사람의 도움을 받지 않고 스스로 행동을 조절할 책임을 느끼게 된다.

❖ 타고난 적성을 찾아라

'인간은 이 세상에 태어날 때 누구나 한 가지 재주는 선천적으로 타고난다. 의학·법학은 아니지만 자신의 소질에 맞는 분야는 반드시 있다. 따라서 아이의 소질과 재능·적성을 파악하여 전공을 선택하라. 그리고 그 분야에서 최고가 되면 성공하는 것이다.'

첫 번째 성공의 요인은 자신의 소질과 적성에 맞는 직업을 선택하는 것이다. 오늘날과 같이 직업도 다양하고 전직이 많은 시대에 자신과 맞는 직업을 선택하기란 어려운 일이다. 그러나 자신의 운명에 부합되는 오행에 의해서 직업을 선택하는 것은 가능하다. 이것은 사람이 타고난 년월일시의 기둥을 세운 여덟 글자로서 그 사람이 지난 고유의 특성이나 재능의 바탕 등을 풀이하여 문자화한 것이 사주이기 때문에 바로 그 음양오행의 대소경중을 활용하여 각 개인이 지니고 있는 고유의 적성을 표출할 수가 있다.

명문대 인기 학과를 졸업하고도 자신의 적성에 맞지 않아서 또는 취업을 하지 못해 전공을 바꾸어 다시 공부하는 경우도 있고, 자신의 전공을 살리지 못하고 다른 직종에 종사하는 사람들도 부지기수이다.

처음부터 나아갈 길을 바로 깨달아 자신의 소질과 적성에 맞는 직업을 선택했다면, 시간이나 경제적인 문제등 여러 면에서 피해를 보지 않았을 것이다. 그리고 단순하여 직업도 그리 많지 않던 과거와 달리 오늘날은 꼽을 수 있는 직업만도 약 일만 삼천여 가지가 되는 등 세상이 복잡 다단하게 돌아가므로 필히 자신의 적성을 살펴서 일을 선택하는 데 더욱 신중을 기해 자신의 조건에 합당한 직업을 정해야 할 것이다.

제 3 장
율곡 선생의 교육이념

율곡 선생의 교육 이념

          율곡 선생의 학문은 만세의 스승이신 공자를 시조(始祖)로 하여, 다음으로 주자학을 존중하고 추앙하였으되 자기 철학화 하였다. 시대의 학문이기도 한 주자학의 사상과 학설을 수용함에 있어서 덮어 놓고 따른 것이 아니라 재연구 검토하고 그 존재의 까닭을 이론적 기초로 판단하여 한국철학사의 새로운 경지를 개척하였기에 특성이 매우 다양하다. 다시 언급하면 주자학이 의식 내용의 범위에 속하지 않은 초월적인 이(理)를 중시한데 반해 율곡은 모든 현상의 실재가 모두 의식에 내재하는 것으로 인식하고 그 내재적인 이(理)로써 성(誠)의 철학을 주장한 바 이는 곧 주자학의 관념을 벗어나 실생활의 유익을 목표로 한 학문인 실학(實學)인 것이다.

  선생께서는 학문의 범위가 넓고 도교·불교를 이단시 하는 당시의 성리학관과는 달리 불교와 도교도 두루 섭렵하고, 조잡스럽고 비현실적인 것은 과감히 정리하여 유학의 체제에 의해 인간답게 살아가는 어질고 의로운 길을 제시한 동방의 대유학자이다.

율곡 선생은 퇴계선생(1501~1570)과 함께 한국이 배출한 양대의 사상가로서 철인(哲人)이자 경세가(經世家)이며 교육학자(敎育學者)이다. 흔히 세상에서 두 분을 비교해 논하기를 퇴계선생은 춘수만사택(春水滿四澤) 즉, 넓은 연못에 봄물이 가득차 있는 상태와 같고, 율곡 선생은 하운다기봉(夏雲多奇峯) 곧 여름구름이 가득한 기이한 봉우리와 같다는 것이다.

이는 퇴계선생의 사상과 철학이 모난데가 없이 온화함에 비해 율곡 선생은 생각을 뛰어넘는 철학과 일정한 주견을 지녔다는 것을 의미한다. 실로 퇴계·율곡 두 선생은 우리가 이 세상에 자랑할 만한 대철학자이다.

❖ 막막한 현실

본장에서는 본문에 이어서 어머님 사임당이 작고하신 후 율곡 선생의 행적에 대해 논한다.

율곡은 막내동생인 우와 함께 어머님 산소 곁에 막을 짓고 대상이 끝날 때까지 여묘살이를 하면서 인생 문제를 많이 생각하게 되었다. "어머니는 왜 돌아가셔야만 했는가?"

"그 많은 사람들이 왜 태어나며 또 죽으면 어디로 돌아가는 것인가?"

"다시는 인간세상과 인연은 없는 것인가?"

율곡 선생은 적막하기 이를 데 없는 산속에서 긴긴 밤을 지새면서 이런 질문들을 자문자답하며 실마리를 풀어 보려고 노력했지만 끝내 풀 수 없었다. 깊이 생각하면 할수록 인생무상과 공허함만을 느끼지 않을 수 없다. 밤하늘에 수많은 별들이 솟구쳐 보란 듯 반짝이다가 사라져 가듯이 우리의 인생도 그렇게 덧없이 왔다 가는 것인가. 인간사의 생로병사는 끝내 풀 길이 없다.

예전이나 지금이나 어머니가 돌아가시면 가장 불쌍한 자녀는 아직 나이 어린 자식들이다,. 그런 까닭에 어머니를 그리워하는 슬픔도 깊고 보다 더 각별했으리라. 이미 장성한 형제와는 달리 어린 동생들은 마치 살아계신 어머님을 만나러 가듯 파주 자운산 어머니 묘소를 자주 찾았으리라고 여겨진다. 그리고 율곡 선생에게 또 한가지 가정에 중대한 변화가 왔다. 그것은 아버지 이 원수 공이 후처를 맞아들인 것이다.

사임당은 생전에 자신의 건강이 좋지 않아 단명할 것을 예상하고 부군인 이공에게 간곡하게 당부한 일이 있었다. 자신이 죽더라도 자녀 교육 문제가 있으니 후처를 맞아들이지 말 것을 단단히

일렀던 것이다. 이것은 사임당의 단순한 질투심에서 나온 말이 아니고 계모와 전실자식간의 갈등을 막아보려는 일념에서 그러했다. 동서고금을 막론하고 의붓어머니와의 불화는 모두 어린자녀들의 일방적인 비극으로 종말을 고하기 때문이다.

물론 그렇지 않는 사례도 간간히 있지만 사임당은 자녀들의 슬픔을 막기 위한 배려로서 남편에게 권유했던 것이다. 그러나 사임당의 뜻과는 다르게 이 원수 공은 곧 후처를 맞이 했다. 율곡 선생의 계모는 집안 내력에 대해서는 전혀 알 길이 없고 성이 권씨라는 것만 전해진다. 그 때 율곡 선생의 맏형인 선은 28세로 혼인 전이었고 큰 누이 매창 여사는 23세, 둘째형 번은 21세 였다. 이러한 가정 환경속에서 아버지가 맞아들인 후처 권씨와 자녀들간에 원만하기란 매우 힘든일이었다. 더구나 권씨는 심덕이 두텁지 못하고 성정이 독살스러웠다. 그러한 여인이 일곱남매의 전실 자식들과 원만한 가정을 꾸려나간다는 것은 매우 어려운 일이었다.

그렇잖아도 생기가 없는 집안에 먹구름이 깔리기 시작했다. 먼저 계모 권씨와 맏형 사이가 원만하지 못했다. 맏형과 계모는 매일 같이 다투어 집안이 하루도 편한 날이 없었다고 한다. 이런 불화스런 환경속에서 가장 고통을 겪은 사람은 율곡 선생을 비롯한 어린 동생들이었다. 계모와 형이 옳고 그름을 주장하며 다툴때는 어린 율곡은 항상 중간을 가로막고 화목을 도모하기 위해 애를 썼다고 한다. 그러나 그들을 설득하기에는 역부족이었다.

감수성이 예민하고 영특한 소년 율곡은 풀 길 없는 인생행로를 애써 밝히려고 궁리하면서 기나긴 밤을 지새고 어머님을 그리워하며 눈물지었다.

어린 그로서는 서로 화합할 수 없는 이 암울한 가정의 현실을 바로 잡을 힘이 없었다. 그런 비하스런 마음은 그를 점점 소극적이고 현실과 맞서기를 피하여 자연의 이치를 넘어 이론적으로 설명할 수 없는 신비함에 젖어들도록 유도하였다. 진정 이 시기야말로 율곡 선생으로선 중대한 기로에 놓여있는 시기였다.

그러면 율곡 선생의 형제·자매들에게 정신적인 고뇌를 안겨 준 계모 권씨에 대해서 전해지는 이야기를 토대로 그가 살아온 흔적을 유추해 본다.

율곡 선생의 가친 이 원수 공이 상처한 것은 51세 때였다. 그러나 이공이 어느 시기에 재취를 들였는지는 기록에 없지만 사임당의 삼년상을 마치기 이전인 것은 분명하다. 나아가서는 상처를 당한 바로 그해에 맞아들였을 것이란 인식이 들기도 한다. 그리고 당시 계모의 나이는 사임당보다 매우 젊었다고 한다. 어찌됐든 그 권여인은 성격이 괴팍스럽고 악독했던 것은 확실한 것 같다. 평소에 조금이라도 자기 비위에 거슬리면 앞 마당의 장독간으로 내려와서 빈 독에 머리를 처박고 통곡을 해 대는 버릇이 있었다. 빈 독에 머리를 박고 울어대면 독의 울림현상으로 인해서 소리가 크게 증폭되어 온동네 방네로 퍼져 나갔다. 그것은 자신이 전실 자식들에게 원통한 일을 당하고 있음을 동네 사람들에게 알려 동정을 받으려는 얄팍한 잔꾀였던것이다. 또한 권 여인은 툭하면 대들보에 머리를 매달아 자살하는 소동을 벌여 온 집안 사람들이 놀라서 뛰쳐나와 구출하는 소동까지 벌이게 했다. 또 권씨는 먹성도 억척스럽고 술도 좋아했다. 그리고 기분이 썩 좋지 않으면 방문을 걸어 잠그고 끙끙 앓아 누웠다. 이러한 부분적인 이야기로도 권씨가 얼마나 특이한 여인이며 성품이 너그럽지 못하고 독했는가를 알 수 있다. 이렇게 집안 분란의 원인이 된 후처를 맞아들인 이 원수 공도 그리 오래 살지 못하고 재혼한지 십년만에 61세를 일기로 세상을 떠났다.

이러한 계모였지만 율곡 선생은 권씨를 아버님이 세상을 떠난 후에도 조석으로 문안인사를 올리며 친어머니와 다름없이 모시고 섬겼다고 한다.

후에 율곡 선생의 벼슬이 높아져서 대사헌에 이르렀지만 그러할 수록 선생은 더욱 자신을 낮추고 계모 권씨 앞에서는 마치 어린 사내아이같이 행동했다는 것이다. 이처럼 율곡 선생이 진심으로 계모를 모시고 받들자 권씨도 결국 감화되어 어진 사람이 되었으며 선생이 세상을 떠난 후에는 그의 어린 덕을 기려 스스로 삼년동안 소복을 입었다고 전해진다. 그러나 이처럼 계모 권씨가 율곡 선생의 효심에 영향을 받아 마음이 변하기 까지는 오랜 세월이 걸렸다. 각설하고 꿈을 키워 가던 소년시절 율곡 선생 앞에 등장한 계모 권씨는 선생에게 오로지 슬픔만을 안겨주었다. 세상을 비관하는 심정에 빠진 율곡 선생은 마침내 속세의 모든 것을 털어버리고 금강산으로 입산수도할 생각을 굳히게 된다. 선생은 어머님의 삼년 탈상을 기다렸다. 아무리 집안에 머무르는 것이 고통이라도 어머님의 삼년상을 치르지 않고 떠난다는 것은 불효부제한 일이라고 생각했다.

❖ 친우 성혼(成渾)과의 만남

율곡 선생은 이 시기에 평생의 벗이 될 친구를 사귀게 된다. 그 친구는 율곡 선생보다 한살 위인 성혼이다.

성혼 선생은 자는 호원이고, 아호는 우계 또는 묵암이라 했으며, 그는 본래 창령사람이다. 우계(牛溪)라는 호가 붙게 된 연유는 경기도 파주에 있는 쇠내 마을에서 태어났기 때문에 우계선생으로 불리게 된다. 그러나 가기 자신은 묵암이라고 하였으며, 율곡 선생은 그와 서신 교환을 할 때에 주로 호원(浩寃)이란 자(字)를 많이 사용하였다. 성혼 선생의 가문은 조선시대 부터 높은 관직에 오른 조상들이 많았고 성삼문과 같은 지조 있는 분들도 계셨으면 그의 부친도 절조 있기로 유명한 성수침(成守琛)으로 세상 사람들은 흔히 청송선생이라고 불렀다.

청송 선생은 효성이 지극했거니와, 굳이 현실을 외면한 것이 아니라 기묘사화를 계기로 세속의 관심을 떠나 성혼의 나이 10세 되던 해에 한양을 떠나 파주에 은거하게 되었다. 그는 학문을 좋아하고 학구적인 의욕이 강한 분으로서 아들 성혼의 친구들과도 학문을 논하면서 대화하는 것을 즐겼다. 그가 세상을 떠났을 때 퇴계선생이 묘갈명을 쓰고 기대승(奇大升)이 묘지명을 썼으며 율곡이 행장을 지은 것만 봐도 대충 짐작이 간다.

아들 성혼은 열살 때부터 아버지 청송선생한테 글을 배우기 시작하였고, 남다른 각고의 노력으로 학문의 성취가 일취월장 하였다. 그의 학문과 행실이 돈후하여 비록 과거를 거치지 않았어도 수차례에 걸쳐 임금의 부름을 받게 된다. 관직보다는 초야에 묻혀서 윤리 진작에 힘을 기울이고 싶었지만 임금의 부름에 따라 어찌할 수 없이 관직에 임하면서 오직 진충보국의 정신으로 일관하였다.

율곡과 성혼의 만남은 율곡이 금강산에 들어가기 전의 3월 경 즈음에 처음으로 만남을 가졌으며 그때 율곡은 아직 장가를 들지 않았고 성혼은 20세로 이미 결혼한 입장이었다. 그들은 서로가 정신적으로 통했기 때문에 도의에 입각한 두터운 교분을 맺게 된다.

처음에는 성혼의 나이가 율곡보다 한 살이 더 많고 학문도 깊어서 율곡은 아에 선생으로 모시려 했다.

"저보다 나이가 더 많으니 제가 선생으로 모시면 어떻겠습니까?"

이러한 율곡의 제의에 성혼은 양손을 내두르며 정색을 한다.

"무슨 말씀이시오 나이도 한 살 차이인데 그냥 벗이 더 좋습니다."

성혼의 완곡한 사양으로 두분은 드디어 도의의 친분을 맺게 되었다. 그리고 훗날 율곡과 성혼선생은 사단(인·의·예·지) 칠정(인간의 일곱가지 감정 : 희·노·애(哀)·락·애(愛)·오·욕)의 이기설 등을 논하여 학계의 이채가 되었으며, 성리학에 있어서 이황의 영남학파와 쌍벽을 이루는 기호학파의 이론적 근거를 내세우는 쾌거를 이루었다.

성혼은 율곡의 침착한 행동과 올바른 마음 씀씀이에 감복을 했고, 율곡은 성혼의 조심스럽고 행실이 돈독한 점을 높이 평가 하였다. 그들은 기회가 있을 때 마다 만나서 여행도 하고, 한시도 읊고 나라와 백성들을 걱정하면서 진솔하게 의견을 교환하고 학문을 논하였다. 그들은 일생 동안 교류하며 학술과 우의를 깊이 했다. 그리고 먼저 세상을 떠난 율곡 선생의 기일(忌日)에 성혼 선생이 소복을 입고 곡을 했을 만큼 그들은 진정으로 우정어린 사이였다.

❖ 금강산으로 들어가다.

율곡 선생이 19세 되는 해 봄, 이윽고 어머님의 삼년상이 끝났다.

선생은 오래전부터 마음 속 깊이 다져진 금강산으로의 입산을 결행하기로 했다. 그것은 아버님에 대한 불효이며 형제들과 헤어지는 큰 아픔이었지만 그는 떠나지 않을 수 없었다. 그 결심은 순식간에 이루어 진 것이 아니었다. 이미 삼년전부터 어머님 탈상을 기다려 왔던 것이다. 그처럼 긴 세월동안 마음을 굳게 다져 먹은 결단이었다.

율곡 선생은 아버님과 계모 그리고 맏형 앞으로 "집안이 이처럼 화목해질 수 없다면 도저히 살아갈 수 없으며 오히려 죽어 없어지는 것이 좋을 듯 합니다."라고 편지를 써서 책상위에 올려 놓았다. 그리고는 어머님 영전 앞으로 가서 끓어 앉았다. "어머님 이제 소자는 집을 떠날 것입니다. 어머님 부디 소자를 지켜주십시요." 율곡 선생은 생전의 어머님을 대하듯이 마음 속으로 고했다. 북받치는 눈물을 가다듬어도 가슴을 도려 내는 것 같은 슬픔이었다. 끊임 없이 솟구치는 눈물과 슬픔을 달래며 책 보퉁이를 들고 집을 나선다. 형제들과 이별하는 서글픔에 눈물을 흘리면서 정든 산천을 돌아보며 율곡 이는 동문을 향해 걸었다. 동문은 강원도와 금강산으로 다다르는 길이다.

계절은 3월 세상 만물은 찬 동삼삭을 벗어나 완연한 봄 기운에 움을 트고 있었다. 짚신을 신고 발감개를 한 율곡은 이제 오백여 리의 험난한 여정을 헤치며 영취산인 금강산을 향해 길을 나선 것이다. 노잣돈도 변변함이 없이 오백여리의 힘로를 나홀로 떠나가는 율곡 선생의 결심은 진정 비장했다. 선생이 금강산으로 들어갈 때의 자세한 기록이 없어 그때 상황을 정확히 알 수는 없지만 그 길은 정녕 굶기를 밥 먹듯 하며 한뎃잠을 자는 참으로 고뇌를 견뎌내는 수행이었을 것이다.

어머님을 여읜 율곡 선생은 덧없는 인생의 허무함을 깊이 새기면서 삶의 의미를 불교철학에서 찾아보려고 했을지도 모른다. 특히 율곡 선생은 불전 중에서도 선종(禪宗)의 주요 경전으로 인연과 만유를 설파한 능엄경을 즐겨 애독했다. 진즉 세조도 이 능엄경을 좋아하여 많은 백성들에게 읽히기 위해 친히 한글로 번역하고 강희맹·이금각·윤사로 등에게 출간을 지시하기도 했다.

훗날 율곡 선생의 입산 동기에 대해서는 여러가지 의견이 분분했지만 선생의 문하생 중의 한 사람인 천유 이유경은 다음과 같이 전하고 있다.

"예전부터 율곡 선생댁에 불교 서적 한 권이 전해저 오고 있었는데 선생께서 그 불경을 읽으신 적이 있었다. 그 내용 가운데 만일 사람이 심오한 불도의 이치를 깨닫기만 한다면 죽은 사람까지도 볼 수 있다는 글귀에 대해 새삼스레 흥미를 느끼셨다고 한다. 선생은 늘 그 문구를 의문스럽게 여기고 계시다가 어머님 사임당이 돌아가신 후에 너무나도 상심한 나머지 그 글의 해독을 위해 입산을 결정했는지도 모른다."라고 논했다. 한편으론 어머님을 잃고 슬픔에 잠긴 율곡 선생이 어느 날 지금의 삼성동에 있는 봉은사에 들러 불교경전을 읽은 적이 있었다고 한다. 그때의 경전 내용 중에 개제된 인생의 사생관두에 관한 불교철학에 마음이 이끌려 입산수도한 결심이 선것 같다고 말하고 있다. 그러나 그는 금강산에 들어가서도 법명과 다른 의암(義庵)이라는 아호를 지어 사용했으며, 그 뒤로 일년간 금강산 마하연에 머물렀지만 머리도 삭발하지 않았고 불문에 귀의 하지도 않았다고 전해진다. 따라서 율곡 선생의 입산동기는 어머님을 잃은 깊은 충격과 가정에서 받은 정신적 고통으로 인해 비롯된 것이라고 여겨진다.

율곡 선생이 금강산으로 떠나기 바로 전 여러 친우들에게 보낸 서신의 내용에서 그의 심정을 헤아려 본다. 그 줄거리는 대략 다음과 같다.

기(氣)란 사람이 이 세상에 태어날 때 모두 지니고 태어나는 것이다. 그리고 그 기를 잘 다스리면 마음이 능히 그 기를 부릴 수 있으나 역으로 기를 잘 다스리지 못하면 오히려 마음이 기의 지배를 받게 된다. 사람의 마음으로 기를 부릴 수 있다면 한 몸을 주재하는 힘이 되어 성현군자도 바라볼 수 있겠지만 마음이 기에 지배를 당한다면 칠정의 통제가 어려워 미치광이를 면하기 어렵다.

옛 사람으로서 이러한 기를 잘 주제한 분이 있다면 맹자가 바로 그 분이시다. 사람으로서 세상의 이치를 규명하고 천성을 다하고자 하는 점에 뜻을 둔다면 어찌 그것을 버려두고 어디에서 그 무엇을 구할 것인가. 공자께서 말씀 하시기를 "지혜로운자는 물을 좋아하고, 어진 사람은 산을 좋아한다."고 하였다. 이 산과 수를 좋아한다는 것은 그저 물이 흐르고 솟은 산의 풍경만을 취하는 것이 아니고 오히려 그 움직임 속에서 사물의 본 바탕을 취하는 것이다. 어질고 지혜로운 자로써 그 타고난 기를 알맞은 정도로 기르려면 어찌 이 산수를 버리고 어디에서 구할 수 있겠는가.

이 글로써 선생의 마음을 유추해 보면 대자연의 산수 속에서 자연의 기를 마음껏 받아 들이면서 세상의 온갖 번뇌를 잊고 인생을 깊이 사색하며 호연지기를 기르려고 했던 것 같다.

❖ 현묘한 이치

율곡 선생이 금강산에 입산하여 삭발을 하고 불교에 귀의 하지는 않았지만 교리를 깊이 연구하고 그에 심취했던 것은 분명하다. 고뇌가 많은 집을 떠나 자연의 기와 접하면서 자연과 함께 그 무엇에 얽매임이 없이 지내고 싶은 정서적인 상념이 엿보인다. 선생은 절경의 금강산을 유유하면서 아름다운 경치와 신비스러움에 이끌려 하루하루가 지나는 것도 잊을 정도였다.

여기에 율곡 선생이 금강산에서 겪은 일화 한 토막을 소개하면, 그가 금강산에서 지낼 때 하루는 발길 닿는 대로 깊은 골짜기를 따라서 들어 가다가 골의 언저리에 작은 암자가 있는 것을 발견하고 살펴 들어갔다. 그 곳에는 늙은 스님 한 분이 가사를 걸치고 정좌하여 앉아 있었는데 율곡 선생을 보고도 꿈쩍도 안 하면서 한 마디 말도 없었다. 선생은 이상한 생각이 들어 암자를 둘러보니 아무런 집물도 없었고 부엌 아궁이에는 불을 땐 흔적조차 없었다.

율곡 선생은 너무도 기이해서 스님을 향해 물었다.

"스님은 이곳에서 무엇을 하고 계시오?"

그러나 스님은 미소만 지을 뿐 아무런 대답이 없었다.

내친김에 율곡은 다시 묻는다.

"대체 무엇을 드시고 허기를 때우시오?"

그러자 스님은 소나무를 가리키며 대답한다.

"저게 내 양식이오."

율곡은 스님의 고고한 말투에 의구심이 발동하여

"그럼 공자와 석가 중에 어느 분이 성자이신가요?"라고 묻는다.

그러자 그 승려는

"선비는 이 노승을 놀리지 마시오."라고 답변한다.

그러나 율곡은 노승에게 다시 묻는다.

"불교는 오랑캐 이방민의 종교이니까. 문명국인 중국에서는 행할 것이 못되겠지요?"

그러자 스님이 대답한다.

"순임금은 동방 오랑캐이고, 문왕은 서방 오랑캐요. 그들 모두 오랑캐인것은 마찬가지지요."

율곡은 다시 묻는다.

"불교의 교리가 유교의 교리와 다른 것이 없는데. 어째서 유교를 버리고 불교에 몸을 담았는지요?"

그러자 스님은

"그럼 유교에서도 '마음이 곧 부처이니라'라는 말이 있소?"

하고 반문한다. 그러자 율곡은 대답한다.

"맹자가 말하기를 착한 성품으로 태어난다는 것을 증명할 때는 항상 요·순을 예로 들었는데 그 말이 '마음이 곧 부처'라는 말과 다르지 않지요. 그리고 우리 유가에서는 실제의 것을 탐구해 체득하지요."

스님은 그 말에 동의하지 않고 잠시 생각에 잠기더니 다시 묻는다.

"색(色)도 아니고 공(空)도 아니라고 하는 것은 무슨 이치요?"

율곡은 대답한다.

"그것은 다만 눈앞에 보이는 경계일 뿐이요."

그러자 승려는 빙그레 웃는다. 이 때 율곡은 다시 말한다.

"솔개가 날아 하늘로 올라가고. 물고기가 못속에서 뛰노는 것은 색인가요? 공인가요?"

노승은 말한다.

"색도 아니고 공도 아니오. 그것은 진리의 본체 바로 그것이오. 어찌 그런 시귀를 가지고 빗대어 말 할 수 있겠소."

율곡은 빙그레 웃으면서 말한다.

"이미 세상에 있는 것으로 이름까지 지어 말할 수 있다면 그것은 곧 현상 경계이지요. 어찌 본체라고 말할 수 있겠소. 그렇다면 유교의 오묘한 철리를 말로써 전할 수 없을 것이며 불교의 교리도 문자의 경지를 떠나서 있다고 말하지 못 할 것이오."

그러자 노승은 깜작 놀라며 율곡의 손을 꼭 잡고 하는 말이

"그대는 속된 선비가 아니오. 나를 위해 시 한 수를 지어 저 '솔개는 날고 물고기는 뛴다'라는 귀절을 풀어 주시오.

스님의 부탁을 받은 율곡은 칠언절구로 된 시를 지어 주었다.

물고기가 뛰 놀고 솔개가 날으는 것은 위와 아래가 같은 이치이다.

그것은 색도 아니고 공도 아닐지어다

뜻없이 한번 웃고 이 몸을 돌아보니

해 기울어진 숲속에 나 홀로 서 있네

율곡이 즉흥으로 지은 이 시를 스님은 물끄러미 들여다 보더니

시를 쓴 종이를 옷소매에 집어 넣고는 다시 돌아 앉아 벽을 바라보면서 마음을 기울이는 것이다. 율곡이 사흘 뒤에 다시 그 암자를 찾아갔더니 그 스님은 자취를 감추어 찾을 길이 없었다고 한다.

율곡 선생은 이처럼 한때 삶에 회의를 느끼고 금강산에 들어가 불교에 심취 했었으나 결국 그는 교리의 확실성을 의심하고 다시 공자의 유학으로 되돌아왔다. 솔개나 물고기나 인간들이나 이세상에 존재하는 것들은 그것이 명을 다하면 자연으로 돌아가 영원히 사라지는 것이므로 어느 곳에서도 어떤 형태로도 다시는 현세에 존재하지 않는다고 생각했다. 그러므로 사람이 죽은 후에 지옥으로 가는 것이 두려워서 선을 행해서는 안되며, 사람으로 태어난 이상 당연히 현세에서 사람답게 살아가기를 자진해서 마음으로 행해야 한다고 생각 한 것이다. 곧 종교의 힘으로 무리하게 선을 행하다는 것은 결코 참선이 아니라는 것이다. 이렇듯 종교의 명제에 회의를 느낀 율곡 선생은 일년만에 보따리를 싸들고 금강산을 내려 왔다.

❖ 자경문(自警文)

율곡 선생은 스무살이 되던 해 봄 금강산을 떠나 북평의 외조

모님을 찾았다. 당시 외조모님은 76세의 고령이었다. 강릉의 외조
모님 댁은 마음 둘 곳 없는 선생에게 가장 편한 안식처이기도 했
다. 선생과 외조모님 이씨는 평생동안 돈독한 정리 속에서 살았
다.

외할머님 이씨 부인의 병환이 위독하다는 소식을 들은 율곡 선
생은 나중에 벼슬까지 버리고 북평 고을로 달려가서 병간호를 하
기도 했다.

북평촌은 율곡 선생으로선 잊을 수 없는 고을이다. 그 곳에서
태어나고 여섯 살 때까지 자란 정든 곳이다. 그리고 그곳에는 어
머님 사임당의 흔적이 곳곳에 남아 있기도 했다. 선생은 어머님
을 대하는 것처럼 외할머님과 함께 일년 동안 북평에 머물렀다.
율곡 선생을 다정하고 따뜻하게 아껴 주시는 외할머님과 온후 하
면서도 안정감을 심어 주는 이모부 권씨의 뒷받침 속에서 선생은
스스로를 돌아보며 경계한다는 의미의 자경문을 작성하여 생활의
신조로 삼았다. 그 내용은 자신이 앞으로 실행할 목표이면서 동
시에 다짐이기도 했다. 자경문을 정리하여 논하면 다음과 같다.

1) 먼저 그 뜻부터 크게 세우고 성현(聖賢)을 표준으로 삼아 한
   털 끝만큼이라도 성현에 미치지 못하면 내가 한 일이 결코
   끝난 것이 아니다.

2) 마음이 안정된 사람은 말이 적은 법이니 마음을 안정시키려면 먼저 말 수 부터 줄여야 한다. 반드시 말할 때가 됐을 때에 비로소 말을 하면 그 말이 간략하지 않을 수 없다.

3) 생각이 혼란스럽고 어수선할 때는 정신을 가다듬어 어지러운 생각에 끌려다니지 않아야 한다. 그렇게 애를 쓰다 보면 얼마 후에는 반드시 마음이 가라 앉아 조용할 때가 있다. 그리고 무슨 일이든 그 일에 전심전력하면 그 또한 마음을 안정시키는 계기가 될 것이다.

4) 나쁜 마음은 혼자 있을때에 생겨나는 법이므로 홀로 있을 때에도 가슴속에 뜻을 품고 한 시도 게으르지 않으면 자연스레 모든 잡념은 일어나지 않게 되리라

5) 글을 읽는 것은 선과 악을 구분해서 실천에 옮기려는 것이므로 사물을 살피지 않으면서 덮어 놓고 글만 읽는다면 그것은 무용한 짓이 된다.

6) 재물과 영리에 마음을 두어서는 안된다. 설령 그런 생각을 하지 않더라도 무슨 일을 처리함에 있어 조금이라도 편리한 쪽을 선택할 마음을 갖는다면 그 또한 이익을 탐하는 것이므로 더욱 유념해야 한다.

7) 마땅히 해야 할 일은 성실하게 수행하자. 또한 해서는 안될 일은 처음부터 딱 끊어 옳고 그름이 서로 마음 속에서 불

화하여 다투면 안된다.

8) 잘못된 일과 마주하게 되면 스스로 깊이 반성하고 상대방에게는 감화를 주도록 노력 해야 한다.

9) 자신의 주위 사람들이 감화되지 못하는 것은 자신의 성의가 모자라기 때문이므로 자연스럽게 영향을 주어 마음이 변하도록 해야 한다.

10) 밤에 잠잘때가 아니면 몸이 아플 때를 제외하고는 자리에 눕지 않아야 한다. 비슥하게 기대지도 말고 밤중에라도 졸립지 않으면 눕지 말 것이며 혹여 낮에 졸립더라도 일어나서 거닐며 잠을 쫓아야 한다. 그러나 너무 무리하게 할 일은 아니다.

11) 공부에 힘쓰되 서두르거나 늦추지도 말 것이며 죽은 후에나 그만 둘 것이니 만일 속히 공부의 효과를 구한다면 이 역시 이익을 탐하는 마음이다. 만약 이처럼 하지 않고 부모님에게서 물려 받은 몸을 욕되게 한다면 이는 곧 인간의 자식된 도리가 아니다.

사람은 누구나 입신양명을 도모하기 위해 나름대로의 목표와 실천 방법을 정하고 굳센 각오와 의지로서 실행하기도 한다. 그러나 율곡 선생의 자경문은 많은 후학들이 본받아 외우며 뜻을 따

르기에 애썼고, 선생의 교육관은 반드시 성현군자가 되겠다는 목
표를 세운 점이 특별하다. 그 목표는 너무 확고하고 신념에 찬 것
이었다. 그리고 실행을 강조하고 있는데 성실을 근본으로 추구하
고 있다. 이러한 교육정신은 선생이 집필한 여러 책에서도 일관
하고 있다. 선생의 나이 20세에 지은 자경문은 그의 인생에 매
우 큰 의미를 지닌다. 그리고 23세에 한성시에 응시하여 천인 합
일관을 주창하는 천도책(天道策)이란 글을 지어 당당히 장원급제
하였으니 이미 그의 장대한 각오는 실현된 것이다.

❖ 율곡 선생의 혼인

금강산에서 1년 그리고 북평의 외가에서 1년을 보낸 율곡 선생
은 2년 만인 21세 때 한양의 본집으로 돌아왔다. 한양으로 올라
온 율곡 선생은 새로운 정신으로 오로지 학문의 정진에만 마음을
썼다. 평소 우정이 깊었던 우계 성혼과의 글공부하는 방법을 논
하기도 하면서 시서(詩書:시와 글씨) 육예《(六藝:고대 중국의 여
섯 가지 과목 곧, 예(禮)·악(樂)·사(射)·어(御)·서(書)·수(數)의
육학(六學)》의 글을 배우고 익히기에 온 힘을 기울였다.
그리고 율곡 선생은 22세 때의 9월에 성주 목사를 지낸 노경린

의 따님인 노씨와 결혼한다. 노경린은 성주 목사로 6년간이나 재임하였는데 그의 드러난 업적 중에서는 서원을 세워 사회 교육에 진력을 다하는 일이었으며, 후일 퇴계 선생은 이를 천곡 서원으로 명명하였다. 이 외에도 노경린은 나주 목사와 숙천부사도 역임하였는데 바른 시정을 폄으로서 고을 백성들이 감복하는 경지에 이르렀다. 그의 선정이 조정에 알려지자, 명종 19년에는 정 3품 통정 대부의 품계를 하사 받은 적도 있으나, 그의 성품이 너무 완고하고 곧은 성품 때문에 남과 가까이 지낸 적이 없었지만 오직 사위가 되는 율곡만은 매우 애중하게 여기고 스승과 친우처럼 대우하여 중요한 일이 있을 때마다 자문을 청하기도 하였다. 선생은 나무랄 곳이 없는 집안에서 태어난 따님을 아내로 맞이한 것이다.

❖ 퇴계 선생과의 만남

율곡 선생은 가을에 장가들고 그 이듬해 봄에 경산북도 예안군 도산으로 내려가서 주자학파의 거두인 퇴계 이황 선생을 찾아 뵙게 된다. 58세의 노학자이신 퇴계는 장래가 촉망되는 23세의 청년 율곡을 정중하게 맞이하였다.

퇴계 선생과 율곡 선생의 학설이 다른 점은 퇴계선생의 이기설 (理氣說)은 체용(體用)에 있어서 이(理)가 발하여 기(氣)가 따른다 는 전통적인 주자학을 강론하였고, 율곡 선생의 견해는 기(氣)는 스스로 작용하고 활동하는 것이며, 이(理)는 기(氣)가 작용하고 활동하는 원리에 의해서 발하는 것이라고 강조하였다. 따라서 이 (理)가 스스로 발한다는 것은 있을 수 없다고 여겼다. 이런 율곡 의 주장을 주기론(主氣論) 이라고도 하며, 반면 퇴계의 주장은 주 리론(主理論)이라고 한다. 여기에서 퇴계선생의 학문을 계승한 학 파를 영남학파라 칭하고 율곡의 학통을 이은 학파를 기호학파라 고 불리우게 되었다.

이 두분 성인들이 만난 곳은 퇴계당이었다. 이 시기는 퇴계선생 이 낙향하여 학문에 정진 하는 제자들을 지도하고 있을 때였다. 율곡 이는 퇴계 선생을 보고 처음으로 느낀 점은 높은 인격과 깊 은 학식으로서 이에 감탄하고 경의를 표했거니와 더욱 매료된 것 은 도산의 풍경이 너무 아름답고 학문을 익힐 분위기가 조성되어 사람의 마음을 끌고 있었기 때문이다. 그리고 퇴계선생 또한 율 곡 선생의 논리 정연한 이론과 인품에 탄복하여 훌륭한 인재를 만났다며 몹시 기뻐했다고 한다. 율곡은 2~3일 동안 퇴계선생 댁에 머물면서 선생으로부터 크게 감화를 받았을 뿐아니라, 그가 돌아간 뒤에도 두분은 서신의 왕래를 통하여 서로의 전도를 염려하고 격려하면서 분발할 것을 성원하였다. 이로써 퇴계와 율곡 두 성현은 짧은 만남이었지만 서로를 지극히 아끼고 존중하는 사이 였음을 잘 알 수 있다.

이후 율곡 선생은 조선 중종때의 명필로서 자는 태수이고 호는 고산·매학정으로 불리우며 특히 초서에 능하여 초성으로 일컫는 황기로 선생을 찾아가 고견을 들었다고 한다. 이것이 인연이 되어 황기로 선생의 외동딸과 율곡 선생의 동생인 우가 결혼을 하기에 이르렀다고 전해진다.

그리고 율곡 선생은 25세 되던 해의 동짓날 자시를 택하여 지난날의 행적을 반성하며 새롭게 자신이 나아갈 방향을 정립하고 다음과 같은 내용으로 다시 한번 각성의 기회를 갖는다.

1) 외모는 엄숙해야 한다.
겉으로 보이는 모습이 진중하지 못하면 태만함이 모여든다. 외모는 겉 모습 뿐 아니라 마음의 작용과도 연관이 된다. 앉는 자세에서 부터 시작하여 반드시 외관을 바르게 정제하고 공연한 헛소리도 하지 말것이며, 자신의 사상과 감정을 표현하고 의사를 전달하는 언어 또한 신중하게 전달해야 하는데 그러기 위해서는 마음의 중심을 잃지 않아야 한다. 홀로 있을 시 라도 행동을 삼가하라는 성인의 말씀은 결코 잊어서는 안된다.

2) 뜻으로써 본보기를 삼아야 한다.

가정을 일으키고 부모님께 효도를 하기 위해서는 공부를 열심히 하여 훌륭한 인물이 될 것이며, 학문의 목표는 성인 군자의 행실을 표본으로 삼되 학문과 언어와 행동이 일치하는 생활을 필생의 목적으로 정한다.

그러면 어떻게 해야 하는 것일까? 율곡 선생은 스스로에게 질문을 던진 끝에 '굳은 의지로써 성실히 이행하는 것' 뿐이라고 함축하고 있다.

❖ 아버지 이 원수 공의 별세

율곡 선생은 26세에 부친상을 당했다. 어머님 사임당이 떠나신 지 10년만에 아버님 이 원수 공과도 사별한 것이다.

율곡 선생의 가계는 신사임당이 중심이 되어 책임지고 이끌어 오다가 돌아가신 후에는 계모 권씨 부인이 살림을 주관하였으나 의견이 부족하여 가정관리를 소홀히 하였으므로 원래도 빈곤한 살림이었지만 더욱 꼬여만 갔다. 이러한 힘든 형편 속에서도 선생은 부친의 삼년상을 마치고 파주의 선영부근에 있는 선비들과 계모임을 만들어 돌아가신 양친에 대한 경의를 잃지 않았다.

율곡 선생은 29세 때 (명종 19년, 1564년)의 7월 8월에 생원, 진사의 사마시와 대과의 명경과에 연거푸 장원으로 급제하여 이른바 아홉번 장원공이란 영광을 얻게 된다. 그러나 그의 삶은 그리 순조롭고 평탄한 길만은 아니었다.

그 당시 성리학이 뿌리를 내리면서 유교를 숭상하고 불교를 배척하는 풍조는 시대의 흐름이었다. 그런데 율곡 선생이 생원시에 장원 급제 하고 알성시에 응시하고자 할 때 성균관의 일부 유생들이 작당하여 그의 진출을 방해하고자 성균관 조정에 들어서지 못하게 막은 일이 있었다. 선생의 크고 폭넓은 마음을 이해하지 못하는 골수 유학도들의 배척은 참기 힘든 현실이었다. 그러나 침착하면서도 의연한 율곡은 이를 감내해 낼 수 있었다.

❖ 관직에 들어서다.

율곡 선생은 29세 때 호조좌랑에 임관되어 드디어 중앙정치무대에 첫걸음을 내딛게 되었다. 다음해에는 예조좌랑이 되었고, 11월에는 사간원 정언에 임명되었다. 다시 이조좌랑이 된 선생은 관리로서 마땅히 지켜야 할 도리를 져버리고 이미 고질화된 뇌물수수의 폐습을 보고 통탄했다.

선생의 31세 때 5월에는 동료들과 함께 시무삼사(時務三事)를 작성하여 임금께 진언하였다. 그 내용은

첫째, 올바른 마음을 정치의 근본으로 삼을 것

둘째, 널리 현인을 등용하고 조정의 모든 신하들은 청렴결백을
    생활신조로 삼을 것

셋째, 정치의 근본을 백성들이 안심하고 편히 살게 함에 두어
    그것을 나라의 근본으로 삼을 것으로 구성되어 있다.

때로는 선생은 젊은 혈기에 오래 묵은 숙폐를 과감히 개혁해야한다는 의지로써 너무 옳고 그른 것을 직설적으로 표현하다 보니정적을 많이 얻어 큰 대립의 양상을 빚기도 하였다.

32세 때에는 명종이 승하하고 선조가 즉위하자 율곡 선생은퇴계선생과 함께 국장의 절차에 대해 논의 하였으며, 33세 때에

는 서정관으로 중국 명나라 정부를 방문했다. 율곡은 선조 원년 (1568년) 2월에는 사헌부 지평이 되었다가, 선조 2년(1569년)에는 홍문관 교리가 되어 다시 조정에 돌아오게 되었으나 외조모님 이씨 부인의 병환으로 휴가를 내고 강릉 북평으로 내려가서 병간호에 힘썼다.

❖ 사회교육의 실현

율곡 선생은 낙향하여 외할머님을 극진히 간병하였으나 애석하게도 90세를 일기로 세상을 떠났다. 이후 율곡은 자신이 전도에 대하여 고심하던 차에 그 다음해인 8월에 맏형 죽곡 선이 세상을 떠나는 등의 가정사에 불운이 겹쳐 심적인 타격을 받을 수 밖에 없게 된다. 그해 10월에는 병으로 관직을 내려놓고 처가가 있는 해주의 야두촌으로 내려가 휴양에 들어갔다.

같은해 12월에는 퇴계 이황 선생이 세상을 떠났다. 율곡 선생은 퇴계선생의 돌아가심을 매우 슬퍼 했다고 한다.

율곡 선생은 선조 4년 (1571년) 6월에 청주목사로 부임하게 된다. 선생은 청주목사로 재임하면서 서원향약을 만들고 펼쳐서 사회교육의 기틀을 다져 놓았다. 이는 파주 향약에서 시행하던 것을 율곡이 근본적으로 재정리 하여 향민들의 실생활에 도움이 되는 내용으로써 향약(鄕約)을 결성하게 된 것이다.

율곡의 서원향약은 협동심과 도덕 교육을 권유하고 있으며 중요한 뜻은 서로의 마음과 힘을 합하여 향촌 사회의 안정을 도모하고 도덕과 윤리를 정립하여 가정과 사회교육을 동시에 바로 세워 나가기 위함이다. 나아가서는 건실한 가정과 밝은 사회가 국가의 기율과 법도를 확립하는 가장 원초적인 바탕이 된다는 것을 확신하는 의지를 내보이는 것이었다.

❖ 성학집요

선생의 나이 40세 때 선조 8년(1575년)에 이른바 동서 당쟁이 시작되었다. 이것은 조선시대 당쟁의 기원이 되는 사건으로 당시 이름 높던 젊은 선비 김효원 일파와 명종왕비의 아우로 권세있는 심의겸 일파와의 반목·대립에 기인한 것이다. 이에 대한 논쟁은 점점 확대되어 결국 조정의 관리와 전국의 선비들이 두 패로 나누어 분쟁을 일삼는 통탄할 일이었다. 김효원의 집이 서울 동쪽 낙산 밑에 있었기 때문에 그 일파를 동인, 심의겸의 집이 서쪽 정동에 있었기 때문에 그 일파를 서인이라고 하였다.

이해 9월 부제학의 직위에 있었던 율곡은 성학집요(聖學輯要)를 편찬하여 선조께 올렸다. 그 내용은 경서(經書)와 사기(史記)에 들어있는 내용의 요점을 정리한 책으로써 학문·교육·가정·정사(政事)에 관한 것을 차례대로 분류하여 엮은 것이다.

성학집요의 내용을 요약하면 자기 수양을 가리키는 수기(修己)와 한 나라를 다스리는 사람을 이르는 치인(治人)으로 분류할 수 있다. 성학(聖學) 곧 유학(儒學)을 모두 섭렵하여 체계적으로 바로 잡아 놓았기에 성학집요라고 칭한다.

그 내용은 일반적으로 옛 성현들의 말씀으로 저작 되어 있는데 중요한 항목에 따라서는 율곡 선생의 일언으로 결말을 지어서 그의 정신을 여실히 드러내 보이고 있다. 율곡은 국가의 모든 정책과 교육관은 국가 최고 통치권자가 쥐고 있는 바 우선 그 사람부터 성학을 통한 학문이 내적으로 성숙되어야 정가와 교육 그리고 나라를 다스리는 덕목을 깨치어 선정을 배푸리라 판단하고, 그 방대한 양의 경서를 섭렵하고 추리어 성학집요를 지어 올렸던 것이다. 선생은 한나라의 군주는 먼저 학문과 식견이 풍부해야 만이 이상적인 교육과 정치가 베풀어져 모든 백성들이 충분한 만족과 기쁨을 누리며 살 수 있게 될 것으로 본것이다. 다시 말하면 인간으로서의 품격을 갖춘 사람들이 바른 가정·바른 사회·바른 국가를 이룰 수 있다고 여긴 것이다. 이는 율곡 선생의 지혜롭고 뛰어난 정견이라고 아니 할 수 없다.

❖ 격몽요결(擊蒙要訣)

율곡 선생은 41세 때의 10월에는 관직을 떠나서 해주 석담으로 돌아가 그 곳에서 청계담을 짓고 식솔들과 더불어 가정 논리관의 정립과 인성 교육에 전력 하면서 좀 여유로운 일정을 보낼 수 있었다. 같은 해 12월에는 백성들의 몽매함을 깨우치기 위해 격몽요결을 지어 사회 교육에 기여 하였다. 이 책은 청소년들의 선도를 위한 교과서이면서도 모든 국민들의 정서를 함양하는 지침서이기도 하다.

책의 내용은 백성들의 참된 의식 개혁의 시도에 대해 구체적인 서술 보다는 정도의 구현은 현실과 전혀 동떨어진 것이 아니라 일상의 생활 속에서 사실에 토대를 두어 진리를 탐구하면 뜻을 얻어 진다고 논하고 있다. 율곡 선생의 학문과 교육이 돋보이는 것은 뜻을 세워 어려운 환경을 이기고 노력 정진하여 목적을 달성한다. 라는 입지론(立志論)으로서 성인군자를 본보기로 삼아 도(道)의 뜻을 세워 가되 교육의 핵심은 정성 성(誠)에 두고 있다는 것이다.

율곡 선생이 (1577년)석담으로 돌아와 청계당을 짓고 100여명의 식솔들이 그 곳에 모여 살아 가는데 있어 반드시 지켜야 할 계율이 있어야 한다며 생각한 끝에 "같이 살며 서로 경계하는 글"이라는 동거계사(同居戒辭)를 지어 가치 있는 윤리관과 가정 교육을 시도한 것은 그 당시의 사정에 시의를 얻은 매우 적절한 조치였다고 사료된다.

조선조 중기 무렵에는 인륜이 크게 파괴된 시기였다. 따라서 사회가 문란해지고 국가의 기강도 심히 해이해진 상태였다. 그래서 율곡은 이를 극복하는 길은 오직 가정의 화목을 도모하는 것이 이 시대의 정신이었음을 깨닫고, 모든 백성들의 귀감이 되고자 100여명이 넘는 식솔들이 계율에 따라 화합 정신으로 똘똘 뭉쳐 잘 살 수 있다는 본보기를 보인 것이었다.

이것은 모든 교육의 기본이 가정교육에 있음을 깨치어 알고 자녀들에게 도덕성은 물론 부모에게 효도, 형제 간의 우애, 가족간의 화목, 조상 숭배, 예의 질서 등 가족 교육의 덕목과 방향을 제시함으로써 모두 사람들에게 공감을 느끼게 한 것이다.

인간은 어렸을 때에 근본을 배양하는 것이 가장 소중하며, 한 가정은 국가의 기틀을 다지는데 기본 단위가 됨을 인식해야 한다. 따라서 가정의 윤리관을 세워 놓고 그 가정 도덕 교육의 실천만이 바로 복잡다단한 현시대를 살아가는 방도이며 평생 교육의 첫걸음인 것이다.

❖ 소학집주(小學集註)

율곡 선생의 44세 때는 소학집주를 탈고하였으며 이 책은 유학
의 효와 경을 중심으로 한 가정·사회에 대한 인간상과 아울러 수
기·치인의 군자를 육성하기 위한 계몽과 교육서로 초학자들의 근
본을 배양하기 위한 교육서이다.

율곡은 소학(小學) 교육을 중시하여 부모님을 섬기고, 형을 공
경하며, 군왕께 충성하고, 스승을 받들며, 벗을 친근히 하는 도리
들을 깊이 새기어 실행해야 한다는 것을 강조하며 교육의 방침에
있어 제일 먼저 필요한 것이 초등 교육이라고 단정지었다. 이것은
인간의 근본이 만들어진 다음에 전문적인 교육으로 들어가야 한
다는 이론이다. 그리하여 뜻이 있는 학자들과 함께 소학을 통한
인성 교육을 펼쳐 나갔다. 율곡 선생의 교육서를 보면 한결 같이
소학 교육의 중요성을 역설하고 있으며, 교육과 학문의 첫 순서로
소학을 지목하고 있다. 이는 어렸을 때의 인간의 근본 교육이 절
실하다고 여겼기 때문이다.

율곡 선생은 이외에도 동호문답(東湖問答), 만언봉사(萬言封事),

사서소주(四書小註), 기자실기(箕子實記), 인심도심설(人心道心說) 등을 편찬하여 만 백성들을 일깨우는데 많은 노력을 기울였다.

선생은 45세 때 12월 에는 대사간에 다시 임명되어 한양으로 올라왔고 이때 정암 조광조의 묘비명을 지었다. 46세 때 6월에는 가선대부, 사헌부 대사헌에 임명되었다. 대사헌에 취임한 율곡 선생은 말하기를

"대사헌은 나라의 기강을 바로 잡고 미풍 양속을 저해하는 요인들을 제거 하는데 그 책임이 있다."

라고 논하며 예전의 글귀에 자신의 의견을 덧붙여 "풍속 바로잡기 행동 강령" 50여개 항목을 적어 길거리 여러 곳에 방을 붙이게 했다. 이는 백성들이 행동강령을 숙지하여 조정의 명을 받지 않고서도 스스로 기강을 해치지 않도록 하기 위함이었다. 그 내용은 삼강오륜을 기초로 한 것이었으며, 이를 처음으로 어긴 사람에게는 알아듣게 설명하여 인도하고, 두번째 어긴 사람에게는 지시에 따르도록 명령을 내리고, 세번째 어긴 사람에게는 그 죄값을 묻는다는 것이었다. 그러므로써 도성안의 모든 양민들은 이를 즐겁게 여기며 따르도록 애를 썼다. 이렇듯 장안의 면모가 새로워지자.

"그 분께서 대사헌에 부임하시자 모든 관청에서의 부조리가 사

라졌고 길거리를 오갈 때도 서로 밝은 모습으로 인사를 나누게
되었다." 하며 모두들 기뻐했다고 한다.

❖ 율곡 선생의 청렴 결백함

선조 14년(1581년) 선생의 나이 48세 되던 해의 정월에는 이조
판서에 임명되었다. 따라서 그의 집으로 찾아오는 사람들이 어떻
게나 많은지 문전성시를 이루었다. 관료·학자·선비 심지어는 일
자리를 부탁하러 오는 사람들까지 내왕하여 선생은 식사 할 겨를
조차 없었다. 어느 때는 밤이 깊어서야 겨우 저녁식사를 들여야
하는 형편이었다.

그러자 동생인 옥산공이 형의 건강을 걱정했다.

"그렇지 않아도 몸이 편하지 못하신 터에 그 처럼 매일 사람들
에게 시달리면 어떻게 하십니까? 이젠 사람 만나는 일을 좀 삼가
하시지요?"

그러나 율곡 선생은 손 사래를 치면서

"만일 손님 만나기를 꺼린다면 아예 석담에 묻혀 살 일이지 무
엇 때문에 한양에 까지 와서 고생할 필요가 있겠는가. 그리고 내
가 이조판서로서 인물을 고르는 자리에 앉았으니 사람들을 직접

만나 본 다음에 그 사람이 지닌 능력에 따라서 적재적소에 앉히도록 천거해야 하지 않겠는가"

선생은 이토록 사람을 가리지 않는 분으로 알려져 있다. 뿐만 아니라. 만난 사람들의 이름과 특성을 기록하여 인물을 고르는데 참고로 했다 한다.

율곡 선생은 이토록 사람을 대하는데 정성을 쏟았다. 만약 그가 시중 잡배들과 똑같은 위인이었다면 만나는 사람마다 뇌물을 갈취하여 부자가 되었을 것이다. 그러나 선생은 땡전 한푼 받아 먹은 적이 없으므로 그렇게 당당했던 것이다.

선생은 평생동안 청백리로서 재물에 대한 욕심이 전혀 없는 분이었다. 그리고 생활 태도 역시 검소하기 짝이 없어 일생 쇠고기를 들지 않았다고 한다. 선생은 쇠고기를 먹지 않은 까닭은

"국법으로 금하는 일은 아니지만, 소를 실컷 부려먹은 다음에 그 소를 잡아서 고기까지 먹는다는 것은 사람으로서 결코 할 수 있는 일이 아니다."라고 논했다. 그리고 제사상에도 쇠고기를 올리지 않았다고 한다.

기록으로 전해져 오는 내용을 보면 율곡 선생의 평상시의 생활을 익히 알 수 있다.

선생이 벼슬을 겸사하고 파주 밤나무골에 칩거하고 있을 때였다. 어느 날 율곡 선생을 찾은 최황이란 사람과 선생이 겸상으로

식사를 하게 되었다. 그러나 반찬이 너무 없어 최황은 젓가락을 들고 끼적이다 참지 못하고 마침내 한 마디 하는 것이다.

"선생님 어찌 이렇게 곤궁하게 지내십니까. 이 처럼 찬이 없이 식사를 드셔서야 몸이 온전하시겠습니까?"

이 말에 율곡은 멋쩍게 웃으면서 대답한다.

"이따가 해가 진 후에 식사를 하면 밥 맛이 훨씬 좋다오."

이것은 아무 음식이든 시장했던 참에 먹으면 더욱 맛이 있다는 말이다. 우리 속담에 시장이 반찬이라는 문구가 있다. 배가 고프면 반찬이 없어도 밥맛이 달다는 뜻이다.

율곡 선생은 일생을 가난 속에 생활하면서도 결코 그것을 고통으로 여기지 않았다. 선생이 해주 석담에 거주할 때는 항상 점심을 걸렀다고 한다. 그리하고도 식량이 모자라서 죽도 끓여 먹지 못할 때가 허다했다.

이런 사정을 전해들은 재령군수 최립이 선생에게 쌀을 보내왔다. 최립(1539-1612년)은 조선 선조때의 학자로서 자는 입지이고 호는 동고이며 개성 출생이다. 문학과 사학에 달식하여 당시의 자문과 주청(奏請)에 대한 글은 거의 그의 손으로 이루어졌다고 한다. 최립은 율곡 선생과 어릴 적 친구이기도 했다. 마침 식량이 바닥난 터이라 선생의 식솔들은 무척 기뻐했다. 그러나 선생은 받기를 거절했다고 한다. 집안 식솔들은 너무하다며 선생을 원망

했다. 그러자 선생은 가족들에게 사리를 밝히며 알아듣도록 말했다.

"나라의 법도는 뇌물을 주고 받거나 훔친 물건을 주고 받는 것을 매우 엄하게 다스린다. 내가 최군수의 곡식이라면 어찌 받지 않겠는가 우리나라 지방 수령들이 거의 자가를 떠나 외지일진데 나라의 곡식이 아니고서야 무슨 곡식을 따로 가지고 있겠는가 응당 나라의 곡식임이 분명할 진데 내가 어찌 그것을 받겠는가. 배가 고프더라도 참는 것이 나라의 법도를 지키는 것이니라."하고 가족들을 타일렀다고 한다.

❖ 10만 양병설

율곡 선생을 신임하는 선조는 14년 (1581년) 8월에 선생을 형조 판서에 임명하고, 그 해 12월에는 다시 병조 판서를 제수했다.

병조판서의 중대한 임무를 맡은 율곡 선생은 같은 덕수 이씨이며, 먼 당숙뻘이 되는 충무공 이순신 장군을 만나 보고자 했다. 그 당시 이순신은 궁중을 지키고 임금을 호위하는 금군의 일을 맡은 내금위의 미관 말직에 있었다.

율곡 선생이 만나려 하자 이순신 장군은

"이 판서와는 본관이며 숙질간인 내가 그 분을 뵙는 것은 나로
선 좋은 일이겠지만, 그 분은 군부의 최고 실력자인 병조 판서의
위치에 있고, 나는 미관이라서 무슨 벼슬이라도 청탁하는 것 같
아 남들 시선이 곱지 않을 것이다."

하며 만나기를 정중하게 거절했다. 선생은 이순신 장군의 이러
한 사려 깊은 태도에 깊이 감동하여 서해 유성룡에게 이순신 장
군의 진면목을 알리면서

"미래에 삼한을 구할 큰 인물이 될 것이니 기회가 있으면 중용
하기 바란다."

라고 당부의 말을 했다고 한다. 유성룡(154-1607년)은 조선 선
조때의 명상(名相)으로 자는 이견이고 호는 서애이며 풍산 태생이
다. 퇴계 이황의 문인으로서 임진왜란 때 도제찰사 영의정을 역임
하며 중국 명나라의 장수들과 함께 국난을 처리하였다. 전란 후
에는 북인의 탄핵을 받아 우리 역사상의 치욕인 붕당 정치의 폐
해를 한탄하며 조용히 벼슬에서 물러났다.

율곡 선생은 선조 15년 2월에는 임금님께 정무를 시행하는 6개
항의 방침을 건의 한다.

첫째 어질고 유능한 인재를 널리 등용할 것,

둘째 군사를 육성할 것

셋째 나라의 재정을 바르게 운영할 것

넷째 국방에 힘을 기울일 것

다섯째 비상시를 대비하여 전투용 말을 길러서 키울 것

여섯째 백성들을 가르치고 이끌어 선민이 되게할 것

선생은 다시 3월에는 어전에서 경서를 강론하는 자리에서 나라의 재정 긴축, 백성들의 교화, 10만 양병을 건의 하여, 부국 강병을 이루고자 시도하였다.

율곡 선생은 군사 10만명을 양성하여 국가의 위급한 사태에 대비할 것을 강력히 주창했다.

"권력이 쇠퇴하여 이대로 가다가는 불시의 국난에 대처하지 못할까 두렵습니다. 바라건데 10만명의 군사를 양성하여 도성에 2만을 두고, 8도에 각 1만 명씩을 두어 평소에 무예를 익히게 하여, 외적의 친입이 있을 때에는 10만 군사가 힘을 합쳐 적을 막아내도록 해야 합니다. 만일 그러지 못 할 시에는 갑자기 난이 일어날 경우 백성들을 모아 싸우게 한들 오합지졸에 불과할 것입니다."

선생은 늘 나라를 부요하게 하고 군대를 강하게 하자는 국가위기 대처법을 왕에게 역설했다.

마침내 선조 임금도 율곡 선생의 뜻이 옳다고 여겨 그의 건의를 따르려 했다. 그러나 선생과는 반대당파에 속해 있는 동인의 거

율곡 선생의 교육 이념

두 유성룡은 10만 군사 양병론을 적극적으로 반대 했다. 사실 조선 건국이래 200여년 동안 외세의 침략을 받지 않고 태평세월을 구가해 온 사대부들과 조정 대신들은 율곡 선생의 부국 강병론을 공연한 짓거리로 여겨던 것이다.

"전하 이 처럼 덧없이 편안한 태평성대에 군사 양병책은 오히려 평지풍파를 자초하여 화를 불러 들일까 걱정되옵니다."

서애 유성룡은 이렇게 반대했다. 이에 경연석상의 다른 대신들도 모두 유성룡의 주장에 동조함으로써 율곡 선생이 국가와 장래를 염려하여 제시한 부국 양병설은 그만 없던 일이 되고 말았다. 그러나 율곡 선생은 뜻을 굽히지 않고 10만 양병설을 계속 내세웠다.

그해 6월 파당을 지어 조정의 실권을 장악 하려는 삼사의 반대파들은 율곡 선생을 모함하고 탄핵하여 그만 관직에서 물러나게 되었다. 선생이 삼사의 모략으로 관직에서 물러나자, 우계 성혼을 비롯한 성균관 유생 460여명과 각 도처의 선비들이 잇달아 선생의 파직에 대한 부당함을 들어 임금에게 상소를 하는 등 반발도 거세었다.

예나 지금이나 외적에 대한 국가의 방위에 힘을 기울이는 일 보다 더 중요한 일은 없다. 그러나 자신들의 안위에만 눈이 어두운 자들은 결코 국가의 안정을 꾀하는데는 관심이 없고 오로지 자신들의 영달만을 위하기에 여념이 없을 뿐이다. 그러나 선생이 세상을 떠나신지 10년 만인 선조 25년(1592년) 4월에 자그만치 7년 동안 온 나라를 쑥대밭으로 만든 임진왜란이 발발했다.

한편으로 율곡 선생의 부인 노씨는 임진 왜란이 일어나자 신주를 모시고 파주로 갔다가 5월 12일에 그 곳에 있는 율곡의 무덤 앞에서 왜적들을 호령하고 순절하였으며, 선생의 큰 누님인 매창 여사는 그 때 64세 로서 아들 인·영·준을 데리고 원주 영원성으로 피란을 갔다가 8월 25일 성이 함락되자 맏아들 인이 어머님 매창 여사를 등에 업고 달아났으나 왜적을 피하지 못하고 몸으로써 어머님을 가리고 항거 하다가 기여코 적의 칼날 앞에 여사와 맏 아들 인이 함께 희생되고, 둘째 아들 영은 그 자리에 없었으며, 셋째 아들 준은 어머니와 맏형을 보호 하다가 왜적의 칼을 맞고 쓰러졌으나 다행이도 얼마 지난 뒤에 깨어났다.

돌이켜 보면 율곡 선생은 일찍이 왜란이 있을 것을 예상하고 10만의 군사를 양성해야 한다고 주장했던 채로 이미 8년 전에 세상을 떠났지만은 그의 부인과 큰 누님 그리고 아들들이 모두 왜적의 칼날 앞에 참혹한 희생을 당했던 것이니 우리는 율곡 선생의 문중에 이와 같은 순국 의열이 있었던 것을 한번 더 기억하지 않을 수 없다.

율곡 선생의 교육 이념

선조 임금은 비가 내리 쏟아지는 가운데 어둠 속을 뚫고 임진 강을 건너 북쪽으로 몽진을 가면서

"아아 과연 율곡의 예지가 옳았구나."

하며 통탄을 했다.

그 뿐 아니라 불과 10년 전에 경연석상에서 율곡 선생의 10만 양병책을 정면으로 반대 했던 유성룡도 땅을 치고 하늘을 우러러 보며 울부짖었다.

"과연 율곡은 현인이고 군자이며 철인이었다."

또한 모든 것을 당파적 이해관계로 율곡 선생을 헐뜯고 모함했 던 반대 당파의 수뇌들도 그제서야 선생의 밝은 지혜에 탄복하면 서 스스로 양심에 거리낌이 있어 세상을 대할 면목이 없다며 자 책을 했다.

❖ 떠나가는 용(龍)

율곡 선생의 일생 일대를 돌아보면 인덕(仁德)을 근본으로 하는 왕도 정치의 이상을 잘 알 수 있다. 그리고 그의 높은 이상은 성 리학을 집대성한 남송의 대유학자로서 중국은 물론 우리나라와 일본 등의 근대 역사에 큰 영향을 미친 주희(朱熹)즉 주자의 사상

과 철학을 연상케 한다. 그러나 선생은 사리사욕에 물든 어지러운 세상에서 큰 뜻을 펼치지 못한채 49세를 일기로 세상을 떠나갔다.

율곡 선생은 1536년에 태어나서 선조 17년 (1584년) 정월 16일 새벽에 그의 원대한 포부를 다 펴지 못하고 한양의 대사동 우거에서 운명을 달리하셨다. 선생은 눈을 감으시기 전에

" 나에게 10년만 더 명을 주신다면 나라를 위해서 좀 더 애쓸 일이 있겠지만은…."

하고 안타까운 심정을 드러냈다고 한다.

선생이 숨을 거두자 도의지교(道義之交)를 맺었던 우계 성혼이 곡을 하였고, 송강 정철이 임종을 하였으며, 그의 영구가 떠나던 어둑한 새벽녘에 애통해 하는 백성들이 횃불을 들고 따라 나섰는데 그 행렬이 수십리나 뻗쳤다고 하니 이런 일은 세상에서 보기 드문 일이다.

선조 임금께서도 몹시 슬퍼하여 3일간이나 조회를 하지 않았다. 후일 인조 2년(1624년)에 임금은 율곡 선생에게 문성(文成)이라는 시호를 내려 선생의 학문과 덕을 길이 빛나게 했다. 문성이란 의미는 도덕박문(道德博文)이 문에 해당하고, 성은 안민입정(安民立政)을 이루었다는 뜻이다.

그 후 숙정 8년에는 공자를 모신 문묘에 함께 배향되었으며,

정조 12년(1788년)에 임금은 어명을 내려 탄생지인 오죽헌에 전 각을 세로 짓고 선생의 유물을 보관하여 후대에 전하도록 하였 다. 그 건물이 오늘날 전해오는 어제각(御製閣)이다.

율곡 연보에 의하면 선생의 부인 노씨는 선생이 운명하기 전날 인 15일 밤 꿈에 검은 용이 침방으로 부터 집 대들보를 뚫고 나 와 하늘로 날아 올라갔다고 한다. 그 시각 영혼이 승천한 것이다. 태어날 때도 어머님 사임당이 용꿈을 꾸었고, 돌아갈 때도 노씨 부인의 꿈에 용이 나타났으니 참으로 기이한 일이 아닐 수 없다.

돌아가신 뒤에 집안 형편을 살펴보니 선생의 장사를 지낼 준비 는 아무것도 되어있지 않았다. 한 나라를 이끌어갈 만한 명성을 지닌 인물이었지만 집안은 씻은 듯이 가난했던 것이다. 염을 할 수의가 없어 다른 사람의 수의를 빌어다가 염습을 마쳤다. 그리 고 집이 없어서 장례를 치른 후 처자들이 의지할 곳이 없어 이리 저리 옮겨 다니며 살아야 했고 끼니도 제대로 때우지 못하자. 뜻 이 있는 친우 및 제자·유림의 선비들이 추렴을 거두어 집 한칸 을 마련해 주고 자식들을 위하여 곡식을 바치고 살아갈 수 있도 록 벼슬길을 터 주었다 한다.

선생은 29세때 호조좌랑으로 출사하여 20여년 동안 외직으로는 서원목사, 황해도 관찰사 등에 임하였고, 내직으로는 예조좌랑·홍문관교리·홍문관직제학·우부승지·사헌부 대사헌·호조판서·이조판서·병조판서·형조판서·판돈녕부사 등 실로 고관현직을 두루 거쳤지만 돌아가신 후 집안을 살펴보니 한 섬의 곡식도 저축도 없었다고 한다. 이것으로 보아 율곡 선생이 평소 얼마나 청빈한 생활을 했는지를 잘 알 수 있다.

❖ 율곡 선생의 교육 사상

선생의 교육 사상은 공자의 사상에 기저를 두고 주자학을 수용하여 자신의 교육 이념을 세워 나갔으며 그 시대의 국가적인 교육의 목적과 순서 그리고 교육 방법에 관한 근본 지침을 체계화 하는데 획기적인 영향을 미쳤다. 그의 학문과 교육은 앞에서도 논한 바 있지만 인륜 교육을 소중하게 생각했다. 그래서 가정교육을 중시하고 효경(부모를 잘 섬기고 공경함)을 중시 하였다. 또한 어머님 사임당의 정숙한 교육 방침에 의해 자란 율곡 선생은 어렸을 때의 교육을 중하게 여겼으며 백성들의 의식을 일깨우고 청소년들에게 각성을 촉구하기 위해 격몽요결을 지은 것은 시의를 얻는 적절한 조치였다.

신사임당의 교육일기

율곡은 가정 교육의 중요성과 함께 사회 교육을 실현하기 위해 노력 하였다. 그 시기도 국가와 사회와 가정관이 문란해진 때라, 교육은 원초적으로 가정교육으로 부터 비롯되어 유아기·청소년기의 교육이 중요하다고 역설 하였으며, 학교 교육의 본연성을 되찾고 한편으로 사회 교육의 중요성을 절감하여 향약을 통한 사회 교육의 구현에 전심 전력을 다하였다.

그 뿐만 아니라 근원적으로 국가정책권자인 군왕의 본연 스스로가 학문을 연구하고 심신을 닦아 만백성을 다스리는 올바른 교육관과 정치 철학이 바로 서야 한다고 논하였다.

오늘날 우리나라는 임진왜란과 을사늑약 등의 과거사를 연상케 하는 일제의 경제 보복 행위로 인해 대내적으로 어려움에 처해 있다. 그러나 이럴 때일수록 인간의 근본교육을 내세우는 사임당의 자녀 교육관과 10만 양병설 국민들의 화합을 주창한 율곡 선생의 교육 사상이야말로 작금의 시대를 살아가는 우리들에게 가장 바람직한 교육철학이라고 필자는 생각한다.

율곡 선생의 학술은 크게 성리학(철학), 경세학, 교육학으로 분류 할 수 있다. 그리고 그는 가정적·사회적·국가적인 교육의 실천을 통하여 나라의 발전에 기여해 보려는 의지가 확고하였다.

선생은 송(宋)의 주희(朱熹) 이래로 해동공자(海東孔子)라고 불리울 만큼 학문적, 정신사적, 교육사상적으로 보다 획기적이면서도 한국 역사상의 큰 발자취를 남겨 놓았다.

숙명과 운명을 우연으로만 체념하고
그에 순응해야 할 것인가!

주역과 명리학 등을 바탕으로 한
이해하기 쉽고, 명확한 작명법!

성공하는
이름 짓는 법

청암 곽동훈 지음 / 327쪽 / 정가 21,000원

이 책에서는 사주와 함께 쉽게 이름 짓는 법과 한글식 이름,
그리고 상호를 짓는 법을 수록하였으며, 대법원에서 확정 고시한
인명용 한자 중 중복 한자와 오자를 삭제하고
전체를 수록한 국내 유일의 성명학 책이다.

자신의 운명을 스스로
개척하는 자기계발서!

백100퍼센트
성공하는 방법

청암 곽동훈 지음 / 240쪽 / 정가 16,000원

이 글을 쓰게 된 동기는 필자가 수많은 사람들을 상담한 결과,
사주팔자나 관상이 아무리 좋아도 못사는 사람도 많았고, 관상·사주
팔자가 나빠도 의외로 삶을 넉넉하게 꾸려나가는 사람도 많았다.
그래서 긴 세월 이 사람들을 지켜본 결과, 인간사의 흥망성쇠는
반드시 사주팔자나 관상에 매여 있는 것이 아니고, 본인의 마음먹기·
습성·행동의 여하에 의해서 결정이 된다는 것을 알게 되었다.
이는 타고난 생년월일시인 숙명은 어찌할 수 없지만, 앞으로 닥쳐올
운명은 얼마든지 바꿔 새로운 인생을 살 수 있다는 뜻이다.
그리하여 이 책은 모든 사람들이 절박하게 급변하는 지금 이 사회에
지혜롭게 대처해 나가고 인생을 주도 면밀하게 살아갈 수 있게끔
필자의 경험 그대로를 정리하여 논하였다.

하늘이 인간에게 선물한 반전의 기호학

어떠한 악운이 닥쳐도
피해 갈 수 있다!

기문둔갑정해(양장)

청암 곽동훈 지음 / 544쪽 / 정가 38,000원

이 책은 하늘이 인간의 미래를 예측할 수 있게
기호를 문자로 바꾼 유일한 천서의 해석서로서,
음양 오행을 아울러 삼기(三奇)·팔문(八門)·육갑(六甲)을
저자가 수십년의 인고 끝에 파혜침으로써
나쁜 운이 오면 피해 갈 수 있고 좋은 운이 오면
그 운을 마음껏 활용할 수 있게 했다.

전율과 감동의 호환 법칙

어찌 천명을 모르고
부귀 영화를 탐하는가!

명리학정해

청암 곽동훈 편저 / 464쪽 / 정가 33,000원
(양장) 37,000원

명리학은 우리에게 희망과 행복을 가져다 주는 자연 과학으로서,
사람이 일생을 살아가는 데 지켜야 할 도리를 밝혀,
크게는 세상을 평화롭게 하고, 작게는 자신의 평온으로 이끌어 준다.
명리학의 이치인 오행의 생화극제와 태과 불급을 헤아려,
인간 만사를 추명하는 원리를 깨우치고,
천명을 헤아릴 수 있는 진정한 신의 학문이다.

인생을 살아가는 최상의 방법은
물의 속성과 같이 살아가는 것이다.

숫자와 운세와의
연관성을 풀어쓴 지혜서!

생활 수리학

유림 강경옥 / 293쪽 / 정가 16,000

수리학은 모든 사람들이 사용하고 있는
각종 숫자, 곧 집주소, 아파트의 층수와 호수, 회사나 집의 전화 번호,
휴대폰 번호 등등은 살아 가면서 자신도 알지 못하는 사이 생기는
불행한 일들, 타고난 숙명과 운명을 정확하게
예측하고 개척해 나갈 수 있는 힘을 길러주는 학문이다.

인생을 살아가는 최상의 방법은
물의 속성과 같이 살아가는 것이다.

현재의 시련과 고통을
극복할 수 있는 지혜서!

곽동훈의 주역

청암 곽동훈 역해 / 686쪽 / 정가 45,000원

운명이란 우리가 알지 못하는 현실의 부재 속에서
예측하기 힘든 곳으로 흘러가는 것은 항다반(恒茶飯)이다.
주역은 이러한 흐름을 파악하여 삶을 좀더 영위롭게 하기 위해
꼭 필요한 학문이라 할 수가 있다.